過你
一棟

黎棟國 —— 著

太平書局

序　充滿智慧的政治領袖

孫東
香港特別行政區創新科技及工業局局長
前香港城市大學生物醫學工程系講座教授

能為黎棟國議員的新書《過你一棟》撰序，深感榮幸。

早在黎 Sir 出任香港特別行政區保安局局長期間，他的硬朗作風及高效辦事能力就深深吸引了我的注意。但我真正有機會與黎 Sir 開始接觸還是在 2021 年末的香港立法會選舉期間。經歷了 2019 年黑暴衝擊後，香港陸續實施了《港區國安法》及完善選舉制度，正是在這樣一個大的社會歷史背景下，我作為一名與黎 Sir 背景完全不同的大學學者，與黎 Sir 一起經歷了立法會新選舉制度的洗禮，並於 2022 年初一同晉身立法會，成為議會同事。

黎 Sir 在政府部門工作逾四十年，擔任過多個重要崗位，享有崇高威信，但我從黎 Sir 身上看不到一絲高官的架子。無論在選舉期間還是在議事堂內外，我眼中的黎 Sir 是一位謙遜、敬業、和善及充滿智慧的政治領袖。我看到他除了非常熟悉政府部門運作並適時提出改善施政的建議之外，亦強烈感受到他對社會民生的關切、經濟發展的重視以及對青年和人才培養的高度重視。作為一名政壇後輩，我從黎 Sir 身上受益良多，視黎 Sir「亦師亦友」。

本書輯錄了黎 Sir 由 2019 年至今在報章上發表的文章，筆觸橫跨黑暴、國安立法、新選制實施、抗疫等由亂而治的不同階段，最後一章更就港人身份進行探討。我欣喜商務印書館將這些情感真摯細膩、見解獨到深刻的文字集結成書。我希望讀者和我一樣，穿越字裏行間，與黎 Sir 一起反思香港這一段難忘的歷史，並將之化為讓香港再起飛的能量和動力。

仗義執言、敢爲人先

序——劉智鵬

香港特別行政區第七屆立法會議員
嶺南大學協理副校長

人稱黎 Sir 的黎棟國先生是今屆立法會的新丁，卻是香港政壇的老手。

立法會是議政的地方，議政則必須掌握議題的方方面面；學術界的說法是，沒有做過研究就沒有發言權。黎 Sir 以個人在入境處三十多年的實務經歷，加上保安局五年密集式的磨練，對香港社會政治課題肯定有過人的洞見。黎 Sir 在議事堂中舉重若輕，收放自如，可見並非等閒之輩！

議政不單是能力高低問題，也是個人進退的取捨。香港是國際金融中心，財經人才濟濟，但有能力又願意出而論道的有志之士卻寥寥無幾。古今中外，仗義執言是有識之士的社會責任；可惜香港自回歸以來不斷受到歪理悖論污染，長時期被語言暴力襲擊蹂躪，獨善其身終於成為這個時代的主流意識；網上羣組人聲鼎沸，公開平台則噤若寒蟬。黎 Sir 有心有力、坐言起行、敢為人先、兼濟天下，不啻濁世中一股清流。

本書《過你一棟》內容涵蓋黑暴、國安、選舉、抗疫，辛辣刺激兼而有之，此等文章絕非柴米油鹽專欄作家所能操持；黎 Sir 下筆乾淨利落，鞭辟入裏，是大時代香港的歷史見證！

黎 Sir 人如其言，言如其人；直率、盡責、言必有中！能夠在立法會與黎 Sir 共事並拜讀大作，是我的莫大榮幸！謹遵囑敬綴數語，以為序。

影照眾生百態

序——盧永雄

《巴士的報》社長

香港過去兩年真如坐過山車一般，由 2019 年的黑暴，到兩年後今天回復平靜，拿起黎棟國兄的新書《過你一棟》，就像看一部電影，把過去兩年發生的事情，以快鏡重新播放，從黑暴到國安，由選舉到抗疫，這兩年的大事歷歷在目。

黎兄在黑暴當日，萬馬齊喑之時，雖已離開保安局崗位，仍然奮筆疾書，痛斥暴力不當，直如亂世綸音，事後回看，當日敢言者少，噤聲者多，實在令人徒歎奈何。過去兩年香港發生的事情，是很好的經驗，也有很多教訓，讓我們看到如何處變不驚，怎樣堅持原則，最終可以撥雲見月，雨過天青。

手執黎兄一書，都可說是一面鏡子，影照這兩年的眾生百態，令人反思過去，展望未來。

香港這些年的歷史速讀

自序——黎棟國

大抵很多讀者都知道，我在1973年入職人民入境事務處成為助理入境事務主任，在政府機構奮鬥四十四年，直至2017年從保安局局長的位置退休。不過我這人熱愛工作，實在閒不下來，於是在2018年加入新民黨，擔任常務副主席，算是轉了跑道，和黨主席葉劉淑儀及眾多黨友一起，以另一種方式服務香港。去年底，我參加了完善選舉制度後的立法會換屆選舉，在選舉委員會界別出選並有幸當選，成為新一屆立法會議員，這是我人生軌道的第三跑。

這段期間，我分別在《am730》、《東方日報》及《悅傳媒》開闢了專欄〈黎 SIR 事務處〉、〈棟情棟理〉和〈棟悉港情〉，每星期以筆論政，針砭時弊，力求以我過往服務政府數十年的經驗及對政策的認識，分析特區政府施政未善之處，提出改善建議。

整理書稿時發現，撰寫這些文章的時期，香港經歷了《逃犯條例》爭議和黑暴動盪，接連受到新冠肺炎疫情的痛擊，特區政府在抗疫上進退失據，經濟民生大受打擊。後來，全國人大及其常委會為香港立下《港區國安法》及完善了選舉制度，中央政府也大力支援香港抗疫。我自然而然就圍繞着這些題目寫下一篇又一篇文章。我把收錄本書的文章分為〈黑暴 · 歷歷在目〉、〈國安 · 重中之重〉、〈選舉 · 愛國為先〉、〈抗疫 · 壓倒一切〉及〈港人 · 還看今朝〉五個章節，算是香港這些年的歷史速讀。

今年，藉着香港回歸二十五週年，我把專欄文章輯錄成書《過你一棟》，算是我這個土生土長的香港人，送給香港的一份小禮物，哪怕只是微不足道的貢獻，於願足矣。

最後，我非常感謝兩位立法會議員同事孫東教授（註：現為創新科技及工業局局長）及劉智鵬教授，與及資深傳媒人盧永雄先生，在百忙中不吝為本書賜序，更感謝出版方香港商務印書館太平書局的相關負責人積極統籌，讓本書順利出版。希望書中內容不會讓讀者失望，若有粗淺之處，還望讀者指正。

黎棟國

書於壬寅端午

目錄

002 序 孫　東：充滿智慧的政治領袖

004 序 劉智鵬：仗義執言、敢為人先

006 序 盧永雄：影照眾生百態

008 自序 黎棟國：香港這些年的歷史速讀

第一章

黑暴歷歷在目

020 《逃犯條例》司法覆核反證司法制度健全

022 普通法控罪絕非不合時宜

024 「港人港審」不符「一國兩制」

026 再談「港人港審」不可行

028 縱火行為零容忍

030 「和理非非」還是香港的核心價值嗎？

032 停止聚眾威嚇

034 暴力衝擊把香港推向深淵

036 暴力攻擊旅客令人髮指

038 讓假新聞失去價值

040 可悲的香港新常態

042 起底人人憎

044 法庭給警方公道的說法

047 黑衣人，香港市民欠你嗎？

049 選舉呈請連續劇

051 黑暴聖誕

053 誰偷走「內會」癱瘓香港

055 市民認清侮辱國旗須入獄

057 「爆眼少女」的法援申請

059 香港的潛藏危機

061 恐怖襲擊，似遠若近

第二章

國安重中之重

064 從國家層面立《港區國安法》
066 《港區國安法》解惑
068 《港區國安法》阻止私人檢控？
070 《港區國安法》不容詆毀
074 《港區國安法》〈實施細則〉規限了甚麼？
076 泛民「初選」有沒有違法？
078 特區政府「交波」人大常委會
080 泛民無力出大招
082 如今泛民怎麼辦？
084 《港區國安法》首遭挑戰
086 司法系統上訴機制行之有效
088 尋求政治庇護的天真想法
090 泛民總辭「理想」終於達成
092 四位前議員會提呈司法覆核嗎？
094 黃之鋒與周庭的「認罪時差」
096 不是抗議，是用非法手段顛覆政權
099 議員宣誓不能當食生菜
102 言必行，行必果
104 《港區國安法》一週年，執法司法各司其職
109 從《基本法》看新聞自由
111 教協從洗白到解散
113 物極必反，全面潰敗
115 「共同犯罪計劃」毋須在現場「參與」

第三章

選舉 愛國為先

120 中央親自出手，用心良苦

122 完善選舉制度是政治問題

124 港人須深刻理解「決定」內容

126 犯法是要負刑責的

128 一切，歷歷在目

130 鄭松泰遭 DQ，跌眼鏡嗎？

132 愛國者治港的準則愈來愈清晰

134 選舉事務處欠一個交待

137 民主派參選的抉擇

139 立法會埋單計數

142 立法會選舉提名期的「彩蛋」

144 投票率與非建制

146 競選台上一分鐘

第四章

抗疫壓倒一切

150 全面封關狂想曲
152 罷工醫護良心何在？
154 快速測試是防疫重要一環
156 兒童口罩防疫戰
158 一起闖過疫情大關
160 第二輪「抗疫防疫基金」刻不容緩
162 口罩風雲再起
164 擊退第三波疫情靠做大量測試
166 加大香港的檢測能力，利多於弊
168 不認為自己是隱形傳播者？
170 我的採樣體驗
172 把檢測普及化
174 全民檢測抵抗抹黑
176 香港要清零，特區政府要硬起來
179 第四波疫情來勢洶洶
181 誰在空喊清零口號？
184 訂到疫苗嘞～
186 大廈清零，做得到嗎？
188 2021 疫戰決勝局
191 鎖區的抉擇
193 疫苗卡，卡住了
195 疫情反彈，怨氣不散
197 打了折扣的疫苗熱
199 特首道歉及時，惜問題未改善
201 積極打針，可喜可賀
203 我連續做了兩次強制檢測
205 檢討外防輸入，避免第五波疫情來臨

207 打開通關之門
209 通關，還欠甚麼？
212 久守必失
214 向竹篙灣無名英雄致敬
217 突破「安心出行」盲點
219 一年容易又……無花市
221 修改「完成接種疫苗」標準
225 「安心出行」暴露缺陷
228 以「港康碼」覆蓋「安心出行」
231 實現全民自助強檢
233 祖國永遠是香港的堅強後盾
237 抗疫攻防戰，香港必須贏
241 抗疫，許勝不許敗！
243 全民強檢怎樣做？
246 內地隔離大不同
249 內地防疫的封控區、管控區和防範區
252 以投身抗疫的實際行動來踐行就職誓言
255 抗疫針灸「扎」哪裏？
258 深圳公務員「原地變身」抗疫義工
261 只要是個人，很難不動容
264 停課復課糾纏不清，同學光陰虛度
267 沒有全民強檢之後
269 抗疫兩年欠甚麼？
272 全民做快測
275 第五波尾聲宜做全民強檢
278 第五波疫情的最後一里路

第五章

港人還看今朝

282 智能身份證和 e-道是「套餐」
284 那年頭的 e-道大突破
286 e-道的前世今生
288 逝去的 CI
290 身份證密碼
293 愉快換證
295 為特區護照奔走的日子
297 特區護照的突破
299 特區護照的防偽特徵
301 澳洲出入境快夾妥
303 歷史引證英國偽善
305 BNO 的尷尬未來
307 拎 BNO 去英國，真的筍嗎？
309 英國撤回法官違反《中英聯合聲明》
311 英國擘大眼講大話
313 英國政府的荒謬邏輯
315 「一經擁有，天長地久」的香港居留權
318 喪失了居留權，能進入香港嗎？

第一章

黑暴

歷歷在目

《逃犯條例》司法覆核反證司法制度健全

保安局於 2019 年初建議修訂《逃犯條例》並展開公眾諮詢。雖然收集到的意見書以支持修訂的較多，保安局並因應收集的意見作出修訂，草案的爭議和反對炮聲仍然不斷，並有愈演愈烈之勢。

泛民主派指修例一旦通過，行政長官將會獲得無限酌情權啟動移交程序，等於是「吳三桂」打開香港的後門，內地部門可要求行政長官移交違反內地法律的人；也有反對者指由於法庭受制於法例限制，只要檢控方提出的證據表面成立，便會依法發出拘押令，被告人抗辯空間非常有限云云。看來他們有兩個主要反對理據，即香港法律保障不足和內地法律不健全。

誰料話口未完，當修訂草案首讀二讀之際，富商劉鑾雄便委聘星級大狀團隊入稟高院申請司法覆核，並要求法庭裁定修訂不具追溯力。大劉在 2014 年遭澳門法院裁定貪污等罪成及判監五年三個月，因為香港和澳門之間沒有移交逃犯協議，故大劉一直未有服刑。

大劉涉及的歐文龍案，是在澳門經過一審、上訴及終審，由澳門終審法院作出了終審判決。這些判決不公平嗎？但是根據傳媒報導，大劉入稟狀指，當時澳門法院在他有病及不情願缺席審訊的情況下將其定罪；若《逃犯條例》修訂生效，他很有可能會遭移交到澳門；而移交後不保證他會得到平等及不偏不倚的對待，認為是次修訂違反《人權法》及《基本法》等等。

我想指出的是，大劉提出司法覆核這舉動，反證了人人可以向法院尋求濟助。法律在人權、自由等各方面提供了多重保障，受影響人士有充分機會向法庭挑戰政府的決定和本地訂立的法律，包括就條例的合法性、有沒有違反《人權法》或《基本法》等等，要求法庭作出裁決。若受影響人士遭扣押，可以申請人身保護令，屆時法庭會根據控辯雙方提出的理據，依法裁決。

這次的司法覆核正好說明，在香港的法律制度下，每一個人都能得到公平的對待，人身自由亦得到充分保障。請看看內地和台灣簽訂的「金門協議」，內地和法國、西班牙、意大利、澳洲、比利時等簽訂的移交逃犯協議，美國、加拿大遣返被內地通緝的逃犯等例子。這恰恰打了反對者的臉，顯示他們的反對理由偏頗，並不全面。難道香港要繼續做逃犯的避風港嗎？

2019 年 4 月 8 日《am730》〈黎 SIR 事務處〉

普通法控罪 絕非不合時宜

「佔中九子」案判決一出（2019 年 4 月 9 日），政治批評不絕。末代港督彭定康隨即在英國人權組織「香港監察」（Hong Kong Watch）網站撰文，指控「港府以不合時宜的普通法控罪（anachronistic common law charges），向佔領運動參與者進行復仇式檢控。」（《香港 01》2019 年 4 月 9 日）

我需指出，上述批評完全枉顧香港現行法律，亦沒清楚理解法庭裁決的理據。首先，《基本法》第八條清楚列明「香港原有法律，即普通法、衡平法、條例、附屬立法和習慣法，除同本法相抵觸或經香港特別行政區的立法機關作出修改者外，予以保留。」第十八條則列明「在香港特別行政區實行的法律為本法以及本法第八條規定的香港原有法律和香港特別行政區立法機關制訂的法律。」普通法是香港法律的一部分，也是香港人引以為傲的法律制度。

至於「九子」觸犯及罪成的公眾妨擾罪，是普通法的罪行，卻絕非不合時宜的控罪。法官在判詞中引用了英國上議院 2006 年的案例（R v Rimmington），指出公眾妨擾罪的罪行構成成分，是清楚的、不含糊的、符合歐洲人權公約相關規定的。

國際特赦組織香港分會則批評特區政府以措辭含糊的控罪來迫害「九子」，有關裁決嚴重打擊香港的言論及和平示威自由（《香港01》2019年4月9日）。其實我們可以從判詞中得知，代表「九子」的資深大律師團隊就「措辭含糊的控罪」這點作出陳述及抗辯，惟法官並不接納。

其實香港很多刑事檢控均是以普通法控罪執行的，港人最熟悉的普通法控罪就是「公職人員行為失當」。自2000年起，廉署先後提出四十多宗檢控，被告人包括前行政長官曾蔭權、前政務司司長許仕仁、前產業處總產業經理岑國社及前高級警司冼錦華等等政府官員、公務員。

由此可見，普通法控罪在香港的刑事檢控系統中，佔有重要席位，絕非不合時宜。

2019年4月15日《am730》〈黎SIR事務處〉

「港人港審」不符「一國兩制」

立法會審議《逃犯條例》修訂的法案委員會召開了兩次會議但仍未選出主席，情況匪夷所思，而反對者提出的理由可謂「日新月異」，但都是朝着同一方向，就是藉着中港法制差異，散播恐懼，使港人人人自危。

此時，有人建議特區政府參考「中法模式」，即中法兩國於 2007 年簽署的引渡條約中列明的：「如果被請求引渡人具有被請求方國籍，應當拒絕引渡。該人的國籍依引渡請求所針對的犯罪發生時確定。」

用上述條文與中港情況並論，無疑是錯誤類比，捉錯用神。道理很簡單，《中法引渡條約》是國家與國家之間的協定，但香港是中華人民共和國的特別行政區，大家都是中國籍，故並不能用國家之間的模式處理。請看看，美國州與州之間有美籍不移交的規定嗎？

此外，有人提出所謂「港人港審」方案——若有港人在內地犯案，香港不作移交，而由香港法院審理該宗在內地發生的案件。

這說法十分危險，不單違反司法領域的概念，而且不符合「一國兩制」原則，不能接受。試想想，如果港人在內地犯案，但只要嫌疑人身在香港，我們便可以在香港法庭用香港法律審理案件，是否表示我們可把香港的法律延伸到內地？若以此邏輯，內地人在香港犯案後回到內地，內地是否可以在任何情況下都用內地法律審理？

這個形同鼓吹內地一刀切把其司法審訊權交給香港特別行政區法院的建議，是一個徹頭徹尾藥石亂投的方案。

2019 年 5 月 6 日《am730》〈黎 SIR 事務處〉

再談「港人港審」不可行

政治一日都嫌長，《逃犯條例》的修訂破天荒一拖再拖也選不到法案委員會主席，演變到要「直上大會」處理，某種程度上反映立法會失去功能。中聯辦、港澳辦甚至國務院副總理韓正紛紛開腔力撐修例，也反映特區政府在處理這事上力度不足。執筆時，聞得歐盟向香港發出外交照會，十分罕見。

同時，喜見法律學者陳弘毅教授表示撤回對「港人港審」方案的支持，可見「港人港審」經不起反覆討論辯證，是不可行的。「港人港審」不符「一國兩制」。疑犯在內地干犯罪行潛逃回港，香港則因為疑犯是港人而要求不移交，要在香港審訊該案件，這等於要求內地司法系統把其刑事審判權交給香港的法庭，國家和人民會同意嗎？

事實上，不單止內地，相信任何一個司法管轄區都不會輕易放棄其司法管轄權的，而有關移交逃犯的協議必須請求方及被請求方兩個司法管轄區同意才可，並非香港單方面說了算。

再者，若根據「港人港審」的邏輯，即是根據疑犯的居住地決定在哪裏審理案件。

那若有內地人在香港干犯嚴重罪行，是不是就「內地人內地審」呢？泛民不是不相信內地法制嗎？泛民是否就願意把疑犯移交內地，接受他們所謂的不公平審訊呢？再舉例，是否德國人在港犯事也須移交回德國審理呢？只要推敲一下就明白「港人港審」違反司法領域的概念了。

最後也是最重要的一點，葉劉淑儀議員也在訪問及其文章中提過，中央政府支持修例，表示他們願意接受香港在普通法制度下的複雜移交程序，是尊重「一國兩制」的表現。相反，若香港我行我素，堅持所謂「港人港審」，則是損害與中央政府的關係，削弱「一國兩制」了。

2019 年 5 月 27 日《am730》〈黎 SIR 事務處〉

縱火行爲
零容忍

暴力行為在任何法治社會都是不能容忍的。2014 年的七十九日違法「佔中」事件裏，部分示威者用所謂以武抗暴的口號作出種種挑釁和對抗行為。「佔中」清場後不久，2016 年初農曆新年便發生旺角暴亂，磚頭橫飛，暴徒到處放火，大批警員遭攻擊受傷，畫面震撼。

可是，兩名旺角暴亂涉事者黃台仰和李東昇，被檢控後棄保潛逃，離開香港，卻獲得德國給予難民身份政治庇護，消息讓人震驚。二人被控的是涉及旺角暴亂的暴動罪、煽惑公眾妨擾罪及襲警罪等，是嚴重刑事罪行，與其所屬政治團體或理念無關，二人也沒有因為宗教等理由而遭逼害，從任何角度看也不符合《難民身份公約》列出的難民定義。德國政府並沒公佈給予二人難民身份的原因，德國外交部聲明「唔關佢事」。二人卻於反《逃犯條例》修訂的遊行前，透過外媒公佈此事，時間性「非常巧合」，圖謀路人皆知。特區政府必須繼續向德國政府嚴正交涉，並且提供正確的資料，包括暴動案的法庭判案書，要求撤銷二人的難民身份，並且根據港德移交協議（Fugitive Offenders（Germany）Order 2009），要求把二人移交回港受審。

旺角暴亂的縱火畫面仍歷歷在目，近日卻在極短時間內連續發生兩宗投擲燃燒物案件，劍指警察。2019 年 6 月 7 日凌晨，有狂徒手持燃燒彈，在警察總部前擲向一部行駛中的警察衝鋒車，然後迅速逃去。當警方努力偵查的時候，同日下午，再有狂徒向跑馬地警署投擲燃燒物。兩宗案件有沒有關連，執筆時仍未清楚，還要等待警方進一步調查。不過根據報章第一手消息，兩宗案件均涉及一輛黑色無牌房車，可見狂徒是有預謀犯案的。第二宗案件發生後不久，警方在英皇道截停一輛懷疑涉事車輛，並先後拘捕了四名嫌疑人士，可見香港警察辦案能力十分高。

不過，即使警方辦案能力再高，社會仍須大力譴責這些暴力罪案。需知道香港是人口密集的城市，任何縱火行為均會嚴重影響市民的生命財產安全，絕對不能接受。我對上述兩宗案件予以強烈譴責，並對警方執法維持治安，追捕兇徒歸案的能力，充滿信心。

2019 年 6 月 10 日《am730》〈黎 SIR 事務處〉

「和理非非」還是香港的核心價值嗎？

反對修訂《逃犯條例》引起的「完美風暴」，掀起幾次史無前例的大型遊行示威，全世界都見到香港人繼續享有法律保障的言論自由、示威集會自由，見到絕大部分參與者和平、理性、守秩序的特質，也是香港人一直引以為傲的。

可是，圍堵警察總部、衝擊破壞立法會大樓等事件，卻暴力得讓人心痛欲絕。特別是 2019 年 7 月 1 日那天，示威者用腐蝕性液體、有毒粉末、鐵枝等各種自製武器工具襲擊執勤警員，拆毀立法會數米高的鐵圍欄，撞爛撞穿立法會大樓的玻璃，衝入大樓內大肆破壞各種設施，畫面震撼。香港變成了暴力之都？

立法會大樓遭到如此破壞，每天在內辦公的泛民議員竟然連一句譴責也沒有，等同助長暴力歪風。難怪法律學者陳宏毅教授在臉書上對某政黨大加鞭撻，直斥其非。

行政長官提出和學界對話，學生會代表堅決拒絕。他們開出的條件，包括不追究、特赦示威者。所謂不追究，即是不調查、不檢控、赦免他們的刑罰，這是違反法治精神的，行政長官當然不能答應。

請看看香港的法律：

《警隊條例》第十條〈警隊的責任〉規定，警隊的職責是採取合法措施以——

（b）防止刑事罪及犯法行為的發生和偵查刑事罪及犯法行為；（d）拘捕一切可合法拘捕而又有足夠理由予以拘捕的人；（e）規管在公眾地方或公眾休憩地方舉行的遊行及集會。

《基本法》第六十三條則規定律政司負責刑事檢察工作，不受任何干涉。

因此，行政長官沒有權力指令警隊不進行調查，也沒有權力指令律政司不提出檢控。不調查，不追究，正正違反了香港法律，妨礙司法公正。

再說，《基本法》第四十八條第十二款規定行政長官可以「赦免或減輕刑事罪犯的刑罰」。但使用暴力的人未被律政司檢控、未被法庭定罪、未被法庭判刑，行政長官哪來權力特赦他們？特赦他們甚麼？這是徹頭徹尾置「政治先於法律」和「視法律如無物」的要求，可悲！

香港已腳踏暴力之門。當日大聲疾呼，公開反對修訂《逃犯條例》的 KOL、團體、學者、前高官、前議員們為甚麼不譴責這些嚴重暴力行為？你們的沉默代表甚麼？這還是我們認知的法治社會嗎？「和理非非」去了哪裏？

2019 年 7 月 15 日《am730》〈黎 SIR 事務處〉

停止聚眾威嚇

2019 年 7 月 14 日在新城市廣場內發生警民流血衝突，15 日晚，有千多名示威者在新城市廣場內聚集，包圍詢問處，向當值職員高聲叫喊口號，施加壓力，要求商場管理公司公開交代，為甚麼前一晚會容許警方進入商場內驅散示威者等等。當時，有一位立法會議員宣稱他的助理看見有人帶了一袋鐵通進入商場，他呼籲示威者冷靜，但現場氣氛極度緊張，議員反遭喝罵。

現場直播的畫面相當震撼，示威者對身穿整齊制服當班的手無寸鐵職員造成巨大壓力，期間有多名職員感到不適，需由救護車送院。示威者清一色不問因由指責職員濫用救護車服務，又包圍地庫停車場收費處要求主管交待，嚇得女職員非常驚慌哭了起來。

事件餘波不斷，隨後每晚都有大量示威者在新城市廣場內聚集，叫囂、抗議，包圍及推撞不同意見者，期間有市民受傷送院，商戶拉閘停止營業。

根據《公安條例》第十八條，這些聚集是非法集結，示威者已觸犯非法集結罪。他們連日來聚眾抗議，給人的印象就是要透過集體威嚇、施加壓力以達到目的。讓人感慨，在和平理性表達訴求後緊接出現的形形式式聚眾威嚇，暴力衝擊，毀壞公物等違法行為已成新常態。示威者的行為與他們掛在嘴邊的「香港沒有暴力，只有暴政」，可謂完全相反。

示威者要求商場交待 7 月 14 日晚為甚麼容許警方進入商場，「新地」已於 17 日召開記者會説明當晚始末，而根據傳媒查證，該商場地契寫得很清楚，警察有權不受阻止進入商場執行其合法任務。再者，根據《公安條例》第十七條〈警方規管集會、遊行及聚集的權力〉第三款的規定，警務人員可以進入正在進行集會或有人聚集的任何處所或地方執行職務。

左看右看，警方進入商場是依法有據的，示威者應馬上停止這種聚眾叫囂施加壓力的手法。社會人士亦應挺身而出，齊齊向示威者説不，要求他們停止使用各種威嚇、暴力手段，妨礙商場運作，使商戶能夠正常做生意。若香港繼續這樣下去，社會秩序將難以維持正常，我們要一個這樣的香港嗎？

2019 年 7 月 22 日《am730》〈黎 SIR 事務處〉

暴力衝擊 把香港推向深淵

2019 年，香港陷入連場風暴，示威者的訴求由反修例變成五大訴求，再到「光時」等口號。即使特區政府在 6 月大遊行後退讓了，示威行動仍不止息，反而在地區「遍地開花」。遊行後會有暴力衝突變成新常態，而且每次暴力升級，發展遠遠超越七十九日的違法「佔中」，叫人十分擔心。

「佔中」時，當出現暴力衝擊，不同黨派就會出來譴責暴力，因此當時雖然有暴力事件發生，但是形勢並沒演變得像今日那麼嚴峻。可是當 7 月 1 日，示威者暴力衝入立法會大樓內大肆破壞，泛民政黨竟然表明不會和示威者割席，也不譴責這些暴力破壞的行為，反而將全部責任推向特區政府。他們這種包庇的取態助長暴力升級，讓示威者演變成暴力衝擊者。

不合作運動也逐步升級，在上下班繁忙時間阻礙列車門開關、頻頻按動緊急掣，到後來發展到把雜物丟落路軌，阻礙列車通行，癱瘓集體運輸系統。還有動不動就在主要交通幹道設置各種路障，甚至史無前例地用障礙物封鎖海底隧道出入口，車輛不能通過，讓市民的工作、生活、出行受到嚴重影響。

在暴力新常態下，市民應該避開人羣集結的地方，千萬不要去圍觀「睇熱鬧」。「睇熱鬧」會幫倒忙，警察在現場無法分辨誰是鬧事暴徒，誰是圍觀市民。市民也不要和暴徒爭執口角，更不要因為被挑釁而出手、打架，那樣只會助長他們的氣焰。

香港由最安全城市變成充滿暴力的城市，多個外國政府先後向香港發出旅遊警示，工商業經濟也面臨極大考驗，這是我們想要的香港嗎？香港是法治社會，一直賴以成功的，就是人人守法，根據法律行事。勇武、「違法達義」、暴力抗爭、「時代革命」，這些只會把全香港的人推向深淵。

懇請全體香港市民三思，我們要怎樣保住這個集幾代人共同努力、辛苦建立的香港，不可以讓這羣思想激進、不守法、破壞秩序的人，繼續破壞。

2019年8月12日《am730》〈黎SIR事務處〉

暴力攻擊旅客 令人髮指

反修例示威已持續逾兩個月，示威者的行動愈來愈暴力，叫人搖頭歎息。

就以機場非法集結的示威為例，最初示威者在機場抵港大堂集結，聲稱要向抵港旅客和平展示香港人反對修訂《逃犯條例》的目標及理由。但是卻發生了包圍追打長者的事件，現場一位長者被示威者重重包圍，示威者把便利貼往他身上貼，還阻止他離開機場。

隨後示威者接連非法進佔機場，亦有與旅客口角，有旅客被打。2019 年 8 月 12 日，網上號召羣眾塞爆機場，這次他們不單止塞爆抵港大堂，還封鎖了離港大堂，使所有要辦理登機手續的旅客都辦不到手續，無法登機。機場管理區惟有採取特別措施，宣佈所有航班暫停，機鐵停駛。這對香港作為國際航空樞紐造成極大打擊。

情況急轉直下，示威者衝破機場當局設置的警戒線，用手推車阻塞進入機場禁區的通道。在一號大樓內，有示威者阻止旅客進入禁區，旅客寸步難行，場面非常醜陋。

到 8 月 13 日，情況更加惡劣，很多旅客已經因為前一日的塞爆機場行動而無法乘搭航班離開香港，不料示威者繼續堵塞所有通道，旅客仍然無法進入禁區。有長者急於返回原居地見家人最後一面，但是被示威者無情阻止，也有小孩嚇得驚慌大哭。

到了晚上，更有兩名操普通話的人士遭示威者喝罵、索帶綁手、非法禁固、拳打腳踢、潑水唾罵，甚至扯褲！這些「文革」式公審場面，竟在今日的香港出現，讓人震驚、悲痛又難以置信！

暴力升級，單單是譴責已起不到作用，為了讓機場回復正常運作，機場管理局向法庭申請禁制令，禁止任何人士在機場範圍內示威和抗議。但是這禁制令只能保障機場運作，卻不能讓香港重回軌道。

我們都是土生土長的香港人，看到這些令人髮指的暴力行為，感到心痛又心酸！我們一直引以為傲的香港，為甚麼會讓失去理性的暴徒為所欲為？我們還能守住香港的社會秩序和法治嗎？各位市民，若現在我們仍不能齊心一致，又怎能保衛自己的家呢！

2019 年 8 月 19 日《am730》〈黎 SIR 事務處〉

讓假新聞失去價值

美國總統特朗普最喜歡用 fake news 這詞來指責對他不利的報導，想不到假新聞之風吹到香港來。近月來，互聯網、社交羣體充斥着海量訊息，我們每天收到各種文字、圖像、片段及聲帶等等，大多無法辨認真偽，卻以極快的速度散播開去。

很多人相信這些訊息，假資訊便像雪球那樣愈滾愈大，即使相關機構或當事人作出澄清也無濟於事。後來，有人會在那些訊息上加上 fact checked 的字樣，聲稱已核實，但究竟是誰人以怎樣的方式核實了甚麼？「朋友的朋友」算不算是有力的資料來源？同樣無從稽考。

2019 年 8 月 31 日晚上，港鐵太子站發生了嚴重事故。事後傳出各種謠言，包括當時死了幾個人、屍體已在殮房、屍體已經銷毀、受害者父母收了大筆金錢而不張聲等等。最近更有傳言指有陰陽眼人士在太子站內見到當晚的靈體等等，言之鑿鑿，繪形繪聲，小說一樣。不幸的是，即使警方及消防處連番澄清闢謠，仍有很多人寧願相信傳聞，反映市民對特區政府沒有信心，也反映市民對假新聞戒心甚低，這情況對平息事態沒有好處。

另有一條片段廣泛流傳，內容指有一間中學的校長、老師，帶領同學在球場作「戰術操練」，而且高喊某些口號。從片段所見，拍攝者當面質問校長、老師及同學，但是對方完全沒有回應，讓人覺得他們是默認。即使第二日校方發出嚴肅聲明，澄清並無其事，但片段已傳開，傷害已造成。

就該片段而言，只要我們心清眼亮，提出疑問，便會發現疑點重重。例如，為甚麼拍攝者那麼義憤填膺，卻拍攝不到所謂「戰術操練」或叫口號的畫面？這不是最有力的證據嗎？至於被拍攝的一方，如果能夠即時面對鏡頭，講清楚他們當時正在做甚麼，拍攝者便沒那麼容易得逞，肆意散播片段，這樣便可減低假新聞的禍害。

在今日政局紛擾，有圖卻沒真相的時代，我們必須睜大眼看清楚，明辨是非，不要肆意散播或轉發未經證實的資訊。假新聞失去市場，我們才有望找到真相。

2019年9月16日《am730》〈黎SIR事務處〉

可悲的香港新常態

2019年，香港發生了很多我們以前完全想像不到的事，就連大家掛在嘴邊二十二年的「馬照跑」也在9月18日這個星期三破防，變成「無馬跑」了。

為甚麼「無馬跑」？因為有人號召於當晚包圍馬場。而根據示威者的一貫手法，除了圍堵、衝擊、破壞、擲汽油彈，他們還會用鐳射筆照射人羣。馬場聚集了數萬馬迷及馬匹，而且馬匹是十分容易受滋擾的。假如在競賽期間，鐳射筆照射到馬匹，或者馬匹因受到其他刺激而不受控制，將會引致騎師墮馬、馬匹相撞等等危險情況；聚集在沙圈的馬迷也可能爭相走避，屆時若發生人踩人慘劇，情況不堪設想。基於種種安全考慮，馬會只好取消當晚賽事。

發出號召的人可能覺得不戰而勝，可是他們知不知道，馬場和機場一樣，對於香港的國際聲譽，至關重要。因抗爭活動而「無馬跑」和封閉機場一樣，對香港聲譽的傷害很大。

除了「無馬跑」，還「無歌唱」。同日下午，當一羣已取得警方不反對通知書的人士在尖沙咀遊行唱國歌時，竟然被大批反修例人士包圍阻止。相反，當示威者肆意聚集，在商場內高唱他們的歌曲時，若遇上其他意見人士，往往一言不合，初則口角，繼而動武，大打出手。完全是「只許州官放火，不許百姓點燈」。

還有一項新常態叫「闡照跳」。示威者把對政府、對警察的怨氣發泄到港鐵身上，除了破壞港鐵站內的設施、閘機，還呼籲「免費搭港鐵」，即是無視法例與《港鐵附例》，無視「搭車要俾錢」的社會常識，跳閘搭「霸王車」。最近很多朋友遇到過，在自己出閘的時候，突然有人從後擠上來，橫過閘機，揚長而去，或者索性跳閘。其實在人多擠逼的閘機前擠上來，很容易引起混亂，實在是極不負責任的行為，並不是有沒有付車資那麼簡單。

從上述種種新常態反映，示威者已經把我們幾十年來共同建立的社會基礎一步一步破壞。香港人守法、循規、有禮、和平、講道理的特質逐漸消失，變成鬥人多、鬥大聲、鬥惡，實在非常可悲，對下一代所造成的壞影響，不言可喻。

各位市民，特別是「和理非」，縱使大家對特區政府極為不滿，也不應繼續默許或縱容示威者破壞香港，大家應該停止響應各種「行動」號召。只要參加「行動」的人數持續減少，香港才有機會回復寧靜，休養生息，找回東方之珠的光芒。

2019 年 9 月 23 日《am730》〈黎 SIR 事務處〉

起底人人憎

反修例風暴已持續五個多月，其中一個重要「特色」是網絡起底嚴重。很多人，特別是警察、官員、議員及家屬均慘遭起底。住址、電話、身份證號碼、配偶子女等個人資料被人惡意放上網公諸於世。當中夾雜着各種攻擊甚至恐嚇言論，其中警察及配偶和子女是重災區，有警察子女就讀的學校被公開，有網帖號召老師同學杯葛警察子女等等。個人資料私隱專員公署在 2019 年接獲三千三百多宗起底投訴，其中三成多涉及警察。早前便有警嫂公開呼籲，希望社會人士關注他們所面對的壓力及人身安全。

在目前法律下，如果有人濫用其他人的個人資料，市民可以向個人資料私隱專員公署投訴。如涉及刑事或恐嚇行為，公署會轉介警方調查及檢控。然而，這些執法手段很明顯不足夠。黑暴期間，起底變本加厲。個人資料私隱專員黃繼兒稱香港起底已「武器化」，他表示要處理起底問題殊不容易，因為很多網站或通訊軟件都不是在香港註冊，絕大部分都是在境外地區運作，受制於目前的法律權力，難以作長臂式跟進制止。對使用假名、假電郵地址開賬號從事網絡起底的人，警察難以追查到他們的真實身份。他建議加強國際合作打擊起底行為，又建議擴大公署的權力，包括可由公署直接發出禁制令，要求網站或社交平台移除起底帖文等等。我認為這些建議都應馬上跟進，特區政府要修例給專員「多幾隻牙」，制止這些嚴重的違法行為。

律政司及警務處處長終於採取法律行動，入稟高等法院申請禁制令，禁止任何人非法披露警員及其家人的個人資料。禁制令一出，有些人立即跳出來批評申請禁制令無用，多此一舉，阻礙市民監察警察；又質疑特區政府厚此薄彼，為甚麼不替所有被起底人士出面申請禁制令云云。我認為這些全是歪理，以偏蓋全，混淆視聽。起底是嚴重侵犯個人私隱的負面行為，必須認真對付。

有一宗申請禁制令的案件在高等法院上訴庭進行聆訊，法庭頒佈的判詞清楚指出，香港是法治文明社會，不應該亦不可以容忍起底。法庭嚴厲斥責起底的禍害，指出會對任何受害人，特別是未成年人，提供全面法律保護。判詞又透露較早時候已有一份報章成功申請了禁制令，禁止向旗下員工起底。法庭有偏袒警察嗎？當然沒有。案件說明法庭會公平、公正、客觀地依法處理不同界別的申請，對警察、公職人員、記者、市民都一視同仁地予以保護。

請問那些反對法庭批出禁制令的人，若果將來他們及家人遭起底攻擊，他們會尋求司法濟助嗎？還會反對禁制令嗎？

2019 年 11 月 4 日《am730》〈黎 SIR 事務處〉

法庭給警方公道的說法

自反修例風暴發生以來，警察有沒有權在未有法庭搜查令或未得私人處所業主或管理人的同意下，進入相關的私人處所進行執法，惹起了爭議。

爭議的開端源於 2019 年 7 月 14 日，警察進入沙田新城市廣場中庭驅散示威者，惟受到非常猛烈的攻擊，有警員手指被噬斷。隨即有法律界人士聲稱沙田新城市廣場的商場是私人地方，警方未得商場管理處的允許便進入商場，屬於違法。而警方則指在法律上他們有權進入私人處所執法。

之後，警察曾經多次進入不同的商場、屋苑執法，搜捕違法者，幾乎每次都引起爭議，引來大量聲稱是街坊的示威者包圍管理處抗議，要求交待等等。

警方似乎一直有理說不清，直至 11 月 12 日發生的「中大二號橋」禁制令事件，法庭終於給警方公道的說法。

當日，警方為了阻止黑衣暴徒從中大二號橋向吐露港公路及東鐵大學站路軌投擲雜物，派員執管二號橋。期間暴徒與警察發生激烈衝突，烽煙四起。暴徒認為二號橋的部分地方屬於中大範圍，警方在未有法庭搜令或中大校方同意下，或者未有明確追捕對象的情況下，無權進入中大校園。中大學生會會長隨即入稟高等法院，要求法庭頒佈臨時禁制令，禁止警方進入中大校園。

法官在聆聽與訟雙方的陳詞後，當晚立即判決，拒絕頒佈臨時禁制令。

法官判詞非常清晰，首先指出若要警察知道追捕人士的身份才可進入私人處所，這個說法根本有違常理。

第二，根據《公安條例》第十七條第二款，若警察有理由相信公眾聚集會導致或引致破壞社會安寧（breach of the peace），便可進入任何有人聚集的處所採取行動，阻止、停止或解散該公眾聚集。

第三，《警察條例》第十條〈警隊的責任〉，明確地指出警隊的職責是採取合法措施以——（b）防止刑事罪及犯法行為的發生和偵查刑事罪及犯法行為；（e）規管在公眾地方或公眾休憩地方舉行的遊行及集會；（f）管制公共大道的交通，並移去公共大道上的障礙。

法官裁決申請人單單以《警察條例》第五十條第四款為理由申請臨時禁制令，而無視其他法例賦予警察的權力，是完全錯誤的。法官認為申請人提出的理據並無任何可爭拗的地方，因此拒絕頒佈臨時禁制令及發出司法覆核許可。

這案例非常清晰地肯定了警察的法定職責，包括有權在公共地方或私人地方防止有人破壞社會安寧，停止或驅散破壞社會安寧的集結。我希望經過「中大二號橋」事件後，今後警察進入商場或屋苑等地方執法時，不會再受到阻撓。警察能有效執行職務，才能盡快止暴制亂，恢復公眾秩序。

2019 年 11 月 18 日《am730》〈黎 SIR 事務處〉

黑衣人，香港市民欠你嗎？

網民發起所謂「三罷」行動，即罷課、罷工、罷市。香港市民不支持，但行動幾乎癱瘓了香港，因為，香港市民「被三罷」了。

第一，罷課。今次號召罷課，基本上沒有學校響應，老師同學照常上學上課。但是黑衣暴徒堵塞了兩條主要交通幹道，交通混亂大大增加上學難度，教育局在不得已的情況下宣佈停課。換句話說，這不是主動罷課，全港學校學生都「被罷課」了。

第二，罷工。其實這次看不到有哪個行業響應罷工號召，但是公路堵了，鐵路燒了，車站破壞了，市民失去了主要交通工具，私家車也難以從新界東出市區，很多市民「滯留」家中，有班上不得，「被罷工」了。

第三，罷市。我相信沒有商戶會有生意不做主動罷市，但是當黑衣暴徒癱瘓交通後，很多員工未能準時上班，商戶沒人手開門營業；也有很多店舖因為身處暴亂熱點，為安全而被逼關門；另一些商戶因為是黑衣暴徒的目標，終日遭破壞遭縱火而被逼暫停營業，即是說，商戶「被罷市」了。

香港「被三罷」，七百多萬市民因為黑衣暴徒狂妄且無法無天的行為，工作及日常生活受到極大打擊，病人未能按時到醫院應診，救護車因為道路阻塞未能及時將傷者送到醫院搶救。

黑衣人，香港市民欠你嗎？

為甚麼你們要這樣對待香港市民？你們不單肆意堵路縱火、掟磚掟汽油彈、射弓箭射彈珠，以暴力對抗警察執法，更連升斗市民也不放過，把不同意見者燒成火人。現在更是公然破壞社會秩序，與市民為敵，令全港市民都十分憤怒。

黑衣人，收手吧！香港市民有權擁有和諧社會。

2019 年 11 月 25 日《am730》〈黎 SIR 事務處〉

選舉呈請連續劇

聖誕前夕，選舉新聞仍然浪接浪，區議會選舉剛落幕，各種選舉不公的投訴沸沸揚揚，有關立法會選舉的新聞再添一筆。

連串官司好比一齣長篇法庭連續劇。因為 2016 年立法會宣誓風波而引發 2018 年的「311 補選」，港島區參選人周庭及新界東參選人劉穎匡分別遭選舉主任 DQ，二人進行選舉呈請，指選舉主任沒有給予他們解釋政治立場的機會，是違反普通法自然公義原則，程序不公。高等法院原訟庭審理後，判兩位呈請人勝訴，同時根據選舉法例，宣佈這兩場選舉的勝選人，即區諾軒及范國威，「非妥為當選」（not duly elected），選舉結果無效。因應這個判決，區諾軒及范國威提出上訴。終審法院法官聽了雙方陳詞後，拒絕批出上訴許可，二人即時喪失立法會議席。

連續劇一般的法律程序終告結束，可是在法院門外，二人繼續在傳媒鏡頭前大放厥辭，指他們的上訴是針對違法程序而非挑戰選舉結果，選舉主任的行政失誤要他倆承擔責任「相當荒謬」云云。

在我看來，他們是強詞奪理，輸打贏要又食又拎。法例規定，選舉呈請是用來挑戰選舉結果，即是要求法庭宣告選舉過程或某些決定出錯，因此選舉無效。在庭審時，二人保持中立，即是不反對呈請，也不提出抗辯。現時卻指判決不公，要保留議席，簡直是自打嘴巴，要求法庭不理會法例規定，作出適合他們心意的裁決。法律豈能這樣兒戲？

終院首席法官馬道立在庭上指出，選舉呈請是嚴肅的法律程序，但凡選舉呈請就是為了挑戰選舉結果。原訟庭判決周庭的選舉呈請勝訴，即選舉結果無效，區諾軒並非妥為當選，這是唯一的必然結果，裁決合法合理合邏輯。若因為區諾軒是周庭的 Plan B 而要保留其議席，周庭當初乾脆不提選舉呈請就好了。

更重要的是，判詞清楚指出，區諾軒及范國威在清楚周庭及劉穎匡提出選舉呈請的理據及知曉裁決會影響其議席的情況下，卻在原訟時保持中立，沒有提出任何陳詞及理據要求法庭保留他們的議席。被判當選無效後提出上訴時才提出區諾軒是周庭 Plan B 等論點，不是輸打贏要又是甚麼？上訴的目的為何，市民心中有數。

今次法庭的判決反映司法獨立的重要性，同時反映有人企圖利用法律程序達到政治目的。要法庭跟從他們的意願裁決才是公義嗎？不滿意結果就大力鞭撻，是香港一貫珍重的法治精神嗎？

2019 年 12 月 23 日《am730》〈黎 SIR 事務處〉

黑暴聖誕

回想我們小時候，香港是中華大地上最隆重慶祝西方節日的地方，12 月 25 日和 26 日都是公眾假期。12 月裏，到處都聽到聖誕歌曲，見到聖誕燈飾。平安夜裏，連非教徒都會到教堂參加子夜彌撒，唱聖詩、報佳音。辛苦了一年，朋友會聚在一起開聖誕派對，一家人會去餐廳食聖誕大餐，普天同慶氣氛濃濃。

2019 年 6 月前，有誰會想得到，2019 年的聖誕會充斥黑色暴力？

有大型商場遭黑衣暴徒破壞怠盡，聖誕樹都燒了，整個商場至今仍是關門停運。其他商場害怕「被裝修」損失慘重，聖誕裝飾變得非常簡約，人流也非常慘淡。為了避開黑暴，很多市民離開香港，甚至湧去深圳的商場過聖誕；在香港的，則多數寧願留在家裏。同時，來港旅客非常之少，同期對比，整體下跌了五成。內地旅行團更勁跌九成，每天不足二十團，難怪旅遊和零售業喊住過聖誕，恐怕中小微企倒閉潮指日可待。

更慘的是，一連幾日都有黑衣暴徒響應網上「和你

shop」號召，去各大商場搞事，任意叫囂、破壞、恐嚇旅客、縱火，甚至進入店舖大肆搗亂，導致遊人旅客受驚，店舖落閘，商場關門，營業額大跌，損失慘重。

毫無疑問，這些全屬違法行為，卻發生在香港這個長期稱譽為世界上最安全城市之一的法治之地。黑衣暴徒的權力從何來？他們造成了各種實質及非實質破壞，卻不必承擔刑責及賠償，香港仍是法治之都？還是一個奉行原始「叢林法則」、拳頭在近之地？

黑暴已持續超過半年，不單沒有平息跡象，黑衣暴徒使用的武器殺傷力愈來愈大。汽油彈已是小兒科，還有煙霧彈、漒水彈、弓箭、實彈手槍，連 AR15 長距離步槍都有！黑衣暴徒是怎樣取得這些武器的？背後是誰在安排、操縱、資助？

上一次黑色聖誕應該是第二次世界大戰時日本攻打香港，想不到六十多年後黑暴重臨。黑暴聖誕一次也嫌多，踏入新的一年，相信很多市民和我一樣，新年願望都是香港盡快回復和平，萬萬不能讓香港變成充斥形形式式暴力的城市。

2019 年 12 月 30 日《am730》〈黎 SIR 事務處〉

誰偷走「內會」癱瘓香港

半年了，立法會內務委員會在郭榮鏗議員主持下召開了十五次會議仍未能完成選舉程序選出主席，引致港澳辦及中聯辦罕有地同日發表聲明譴責。

反對派反指兩辦違反《基本法》第二十二條「中央人民政府所屬各部門、各省、自治區、直轄市均不得干預香港特別行政區根據本法自行管理的事務」的規定。中聯辦隨即反駁，指兩辦「是中央授權專責處理香港事務的機構」，「當然有權代表中央政府，就涉及中央與特區關係事務、《基本法》正確實施、政治體制正常運作和社會整體利益等重大問題，行使監督權，關注並表明嚴正態度。」

這反駁鏗鏘有力，清晰明確。須知《基本法》第十二條訂明「香港特別行政區是中華人民共和國的一個享有高度自治權的地方行政區域，直轄於中央人民政府。」兩辦代表中央政府表達關注，完全合情、合理、合法，理所當然。難道反對派要說中央政府不能就香港事務發聲嗎？如果是這樣，他們的法律依據何在？

相反，郭榮鏗聲稱依照立法會《議事規則》辦事，才是誤導公眾。立法會《議事規則》及《內務守則》規定了內會主席的提名和選舉程序。《內務守則》〈附錄 IV〉規定選舉程序包括誰人須主持(第 2(b)條)、提名、派發選票、填選票、投票、點票、報告結果,主持選舉人須核對、確認和宣佈等(第四條至第十二條)。條文多次用了「須」這個字,回看內會選主席的歷史,這個既重要又嚴肅的單一程序,都是在會期的第一次會議一次性完成。郭榮鏗主持了十五次會議仍未完成選舉,不是失職是甚麼?不是瘋狂拉布又是甚麼?我認為他已嚴重偏離相關《議事規則》及《內務守則》的原意、精神和內會的慣例,極不尋常。

反對派藉着各種拉布手段,要拖跨內會正常運作,癱瘓立法會履職立法的功能。目前尚待內會處理的草案已累積至十四條,當中包括延長法定產假、職業退休計劃修訂、强制性公積金計劃修訂等涉及經濟民生的條例草案,也包括國旗國歌法和終審法院首席大法官的任命等重大議題。內會已停擺半年,若情況持續,立法會在餘下幾個月會期的立法工作難有寸進。立法工作嚴重滯後,香港市民應該認清楚,誰該負上責任。

2020 年 4 月 20 日《am730》〈黎 SIR 事務處〉

市民認清侮辱國旗須入獄

政治新聞浪接浪，郭榮鏗議員長期騎劫內會、港澳辦中聯辦的「身份」，到特區政府大換班，無不鬧得沸沸揚揚。在這些大新聞下，有一宗法庭裁決同樣重要而且意義深遠，值得大家留意。

大家可別忘記，在 2019 年持續大半年的反修例風暴期間，發生多宗損毀國旗事件，多人被捕，當中包括只有十三歲的女學生，令人欷歔。本文討論的案件是一名二十一歲冷氣技工於 2019 年 9 月沙田「和你 shop」行動中，踐踏國旗，把國旗丟入垃圾車，再把垃圾車丟進水池等等，被控「侮辱國旗罪」。2019 年 10 月，原審裁判官判處被告二百小時社會服務令。當時社會上有聲音指判決太輕，沒有阻嚇性。律政司經研究判詞後提出上訴，要求覆核刑期及改判即時監禁。2020 年 4 月 24 日，上訴庭推翻了原審裁判，指案情嚴重，量刑起點不應少於四個月，但因被告已完成六十四小時社會服務，故改判被告即時入獄二十日。

首先，大家要理解，《國旗及國徽條例》第七條〈保護國旗、國徽〉列明，「任何人公開及故意以焚燒、毀損、塗劃、玷污、踐踏等方式侮辱國旗或國徽，即屬犯罪，一經定罪，可處第五級罰款及監禁三年。」原審裁判官指案件不涉焚燒國旗等危險行為，因此判決社會服務令。我不敢苟同。相反，我認同上訴庭法官指出了案中的幾個重點：

- 被告把國旗又拋高又踐踏，行為如表演，嚴重貶損國旗所代表的國家尊嚴。

- 被告把國旗丟入垃圾車，視之如垃圾，是對國旗所象徵的國家尊嚴極大的侮辱。

- 被告把國旗連同垃圾車踢進水池，有棄絕國旗的意思，是更嚴重的侮辱。

上訴庭更援引終審法院前首席法官李國能在吳恭劭一案指出「國旗是一個國家的象徵，是獨有的象徵。所有國家都有國旗。中國國旗是中華人民共和國的象徵，是國家和國家主權的象徵。它代表中華人民共和國，代表她的尊嚴、統一及領土完整。」明顯不過，即使被告沒有焚燒國旗，她的所作所為同樣是嚴重貶損國家尊嚴，侮辱了國家。

我明白在經歷反修例風暴後，社會仍然瀰漫一股反建制情緒。這次裁決無疑是醍醐灌頂，希望能讓年輕人認清國旗的象徵意義，明白侮辱國旗是十分嚴重的罪行，就算初犯亦會被判即時監禁。當然，特區政府必須進一步加強國民教育，新上任的政制及內地事務局局長，任重道遠。

2020 年 4 月 27 日《am730》〈黎 SIR 事務處〉

「爆眼少女」的法援申請

在 2019 年反修例暴動中，一名女子聲稱被警察用布袋彈擊中右眼，引致眼球爆裂。當時，女子倒地的相片在網絡瘋傳，受傷女子被稱為「爆眼少女」。事件迅速發酵、激化部分市民對警察的仇視，之後出現大量象徵「爆眼少女」的圖像、畫作，代表了反修例暴動的一個高潮。很奇怪，「爆眼少女」沒有報警，真身至今仍是個謎，事件疑點重重，真相未解。

後來，警方先後兩次憑裁判官手令，向醫管局取得「爆眼少女」的個人資料及醫療報告。「爆眼少女」向高院提出司法覆核，指警方不向她提供手令副本是侵犯其私隱。案件經過原訟庭及上訴庭審理，均判「爆眼少女」敗訴，「爆眼少女」需支付警方訟費。

法庭判詞清楚指出，「爆眼少女」若是要保護其私隱，應該直接覆核手令的合法性、要求擱置手令，或申請禁制令等等，而她偏偏迂迴地針對警方拒絕提供手令副本是不當的。判詞指出，要求手令副本與侵犯私隱是兩回事，因為載有私隱的文件是醫療報告，不是手令。而在法律上，她亦無權要求警方提供手令副本。她提出的理據無從成立，上訴駁回。更甚是，「爆眼少女」在上訴時首次提出很多新爭拗，法官認為是濫用程序。

「爆眼少女」在出事後消聲匿跡，卻因為警方要取其醫療報告而不惜提出司法覆核，動機本身就惹人猜測。不過，更值得留意的是，「爆眼少女」是獲得法律援助來打官司的。

法律援助署規定，申請法援需通過兩項測試，一是經濟審查，二是案情審查，即申請人「須具備合理理據提出訴訟或抗辯」。這次上訴庭直指「爆眼少女」是濫用程序，她是如何通過法援署的案情審查進行上訴呢？她在申請法援時提供的證據、案情資料，是否與上庭時一致？法援署又是基於甚麼準則認為上訴案件「具備合理理據提出訴訟或抗辯」？抑或只是得過且過、寬鬆審批？

法援署批出的是公帑，是納稅人的錢。若果把關粗疏，便會助長司法覆核，不必要地增加法庭工作。長期以來，不少市民詬病有人濫用司法覆核，今次「爆眼少女」的個案，再次反映法援署有把關不力之嫌，實在需要全面檢視及改革批出法援的手續、過程、標準，杜絕濫用。

2021年4月26日《am730》〈黎SIR事務處〉

香港的潛藏危機

2021 年的「七一」，警方因應疫情及風險評估，拒絕了三個組織的「七一」遊行申請。「七一」當日，警方動用大量人手戒備，並引用《公安條例》封閉了維園的足球場、籃球場及中央草坪，禁止人羣聚集。當日雖然沒出現大型非法集結或非法遊行，但是警方在巡邏時截查及拘捕了兩名可疑人士，一人藏有仿製槍械，另一人則藏有摺疊刀，可見的確有危險人物隱身於鬧市中，警方高度戒備，並非無的放矢。

果然，晚上真的有事發生！銅鑼灣崇光百貨外，一名穿黑衣的男子突然持刀刺向一名軍裝警員左肩。他從背後施襲，警員重傷倒地，需送院救治。兇徒則刀插自己心臟，送院搶救無效死亡。從流傳的事發影像片段所見，現場氣氛平靜，兇徒是慢步走近警員行兇的，而不是受到挑釁在不能控制的情緒下發難。後來警方找到兇徒的遺書，反映兇徒是有計劃有預謀行兇的。

這件事就像平地一聲雷，打開了潘朵拉的盒子，過去黑暴期間的種種畫面彷彿重現，社會神經又再繃緊起來。保安局經常強調香港有恐怖襲擊的苗頭，並非空口講白話，今次的孤狼式襲擊行為只是其中一種襲擊模式，相信社會上仍潛藏仇視中央、特區政府或警察的人，在伺機行動。而在事故發生後，竟有人到事發現場悼念兇徒，甚至把他形容為義士、英雄，這種扭曲的是非觀念更令人擔心，儼如社會的隱藏炸藥，高危，不得不拆。

一方面，當局當然要提高警覺，加強網上巡邏及情報收集，防範於未然，保障警員及公眾安全；亦要加強宣傳教育，不能讓扭曲的是非觀蔓延下去。

最後，我謹向遇襲警員致以深切慰問，祝願他早日康復。

2021 年 7 月 5 日《am730》〈黎 SIR 事務處〉

恐怖襲擊，似遠若近

「七一」當晚發生的孤狼式恐怖襲擊案，引起社會關注，主要有四大原因。一是案發日是別具意義的7月1日；二是案發地點是人來人往的銅鑼灣崇光百貨門外；三是受害人是警察；四是施襲者視死如歸，並且留有遺書。再加上警方亦在其他人士身上搜出仿製槍械、摺疊刀等等，都讓港人警覺，原來以前看國際新聞才看到的恐怖襲擊，現在似遠還近。

這案件並沒因為兇徒自殺而平息，反而繼續發酵。一星期後（2021年7月7日），香港大學學生評議會通過「深切哀悼」兇徒的議案，並感激兇徒「為香港犧牲」，惹來保安局、港大及教育局等強烈譴責，亦有意見認為國安處應該調查及應該「踢他們出校」。不知道是害怕國安處抑或害怕「踢出校」？一天後，港大學生會戲劇性地宣佈撤回議案及辭職下台。

不過，看各方反應，市民似乎並不買賬。有如偵探柯藍的網民指學生會在星期「五」凌晨「一」時開記者會、同學們身穿劃一的黃字黑Tee，以及背手的統一手勢，似乎都在發放與真誠道歉背道而馳的訊息。

另一方面，警方拘捕了「光城者」九名成員，指他們涉嫌製造炸藥，計劃於海底隧道、鐵路等公共設施發動炸彈襲擊。從警方破獲的炸藥、氣槍、化工原料及工具器材看來，組織十分「專業」，若他們實踐計劃，後果不堪設想。

最令人不安的是，不論是港大學生會抑或「光城者」，涉及的都是十來二十歲的大學生、中學生，以及大學職員，年紀最小的只有十五歲。不禁讓人擔憂，他們是接受了怎樣的教育，接收了怎樣的訊息，價值觀才會扭曲到認同恐襲，認為兇徒是「為香港犧牲」，甚至參與發動襲擊的行動？

其實教育一直是特區政府的重要開支，以最近三個年度來說，教育開支分別是一千零七億億元（2021 年度）、一千一百二十三億億元（2020 年度）及九百零六億元（2019 年度），分別佔特區政府經常開支的 19.5%（2021 年度）、15.4%（2020 年度）及 20.5%（2019 年度）。但是現在看來，錢花得多不等於花得有效，教育局應該加緊監察、認真檢討各類開支是否運用得宜。

除了教育開支，教育的內容更加要留意，新高中學制缺乏國情教育，通識科過分政治化，中史科並非必修等等，種種缺漏累積下來演變成今日的局面。刻下《港區國安法》已落實一年，通識科亦將改為「公民及社會發展科」，未來一兩年是撥亂反正的關鍵，若改革方向正確，推展順利，應教得教，我們的下一代不會再出現像港大學生會或「光城者」那樣的激進份子。

2021 年 7 月 12 日《am730》〈黎 SIR 事務處〉

第二章

國安

重中之重

從國家層面立《港區國安法》

隨着第十三屆全國人大三次會議開幕，與香港最息息相關的議題，自然是提請審議《全國人民代表大會關於建立健全香港特別行政區維護國家安全的法律制度和執行機制的決定（草案）》的議案，並將相關法律納入《基本法》〈附件三〉，公佈在港實施，以維護國家安全，完善「一國兩制」。作為全國政協委員，我當然全力支持。

每個香港人都知道，《基本法》第二十三條立法是香港特別行政區的憲制責任。遺憾的是，自從 2003 年立法失敗，之後歷屆行政長官均沒再把第二十三條立法提上日程。日子年復年的過去，終於到 2014 年爆發違法「佔中」，港獨思想蔓延，到 2019 年反修例抗爭出現無日無之的黑暴，反對派屢次央求美國用《香港人權及民主法案》制裁香港，香港局勢前所未有的嚴峻，明顯已成為國家安全的缺口。

香港缺乏健全的法律應對分裂國家、顛覆政府、恐怖活動及外國干預滲透，的確是重大安全漏洞。年來的動亂，黑暴橫行，港獨、本土恐怖活動日益猖獗，港人的正常生活及治安受威脅，百業蕭條，經濟亦深受打擊。既然香港一直未能完成立法責任，形勢又不斷惡化，中央政府不得不果斷出手，通過人大修法從國家層面修補短板，這是其責任所在，有權用得恰當，是深思熟慮的決定。

正如國務院副總理韓正於 2020 年 5 月 23 日的政協會議上所說，中央是於 2019 年的中共十九屆四中全會下定決心的。四中全會的《決定》第十二項列明，「嚴格依照憲法和《基本法》對香港特別行政區實行管治，堅定維護國家主權、安全、發展利益，維護香港長期繁榮穩定，絕不容忍任何挑戰『一國兩制』底線的行為，絕不容忍任何分裂國家的行為。」中央的底線很清楚，今次《決定（草案）》是進一步展示其決心。

落實《決定（草案）》並不是擱置第二十三條立法。《決定（草案）》第三條便指出，「香港特別行政區應當盡早完成香港特別行政區《基本法》規定的維護國家安全立法……有效防範、制止和懲治危害國家安全的行為。」即是說，為第二十三條自行立法，仍然是香港不可推卸的責任，行政長官不可不處理。

2020 年 5 月 25 日《am730》〈黎 SIR 事務處〉

解惑《港區國安法》

2020 年 5 月 28 日，在全港市民注視下，第十三屆全國人民代表大會第三次會議，以絕大多數票通過《全國人民代表大會關於建立健全香港特別行政區維護國家安全的法律制度和執行機制的決定》。投票結束，烽煙四起，支持及質疑的聲音兩極，連帶惹來各種不盡不實的傳言，我在本文解惑一二。

疑惑一，他日《港區國安法》在港實施時，應根據哪個法律體系去解釋？

眾所周知，《基本法》是以大陸法系（Civil Law System）語言寫成的成文憲制性文件。《基本法》已在香港實施二十三年，法庭每天都在審理有關《基本法》的案件，包括很多司法覆核案件，指某條本地法例違反《基本法》等等。那麼，法庭是根據甚麼法律體系解釋《基本法》的呢？

《基本法》第一五八條清楚列明，全國人大常委會授權特區法院在審理案件時自行解釋《基本法》。而香港在回歸前後都一直奉行普通法系（Common Law System），因此，法院一直根據普通法原則解釋《基本法》。將來實施的《港區國安法》，法院也應根據普通法原則解釋和裁決。

疑惑二，《港區國安法》將禁止本港外籍法官審理相關案件？

首先，我希望社會大眾明白，所有法官，不分國籍，在就任時已經宣誓擁護《基本法》和效忠香港特別行政區。再者，法官必須根據法律原則及法例條文審理案件，與其國籍毫無關連。法官判案忠於法律、忠於事實，而非忠於國籍。正如資深大律師湯家驊所說，「法官公正與否跟國籍無關，如要偏幫某一政治羣體，任何國籍都可以；香港獨特之處是不同國籍法官可參與審訊，受國際尊重。」（《明報》2020 年 5 月 28 日）可見上述傳聞毫無說服力。

《基本法》第九十條規定，「終審法院和高等法院的首席法官，應由在外國無居留權的香港特別行政區永久性居民中的中國公民擔任」。第九十二條又規定，特區的法官「可從其他普通法適用地區聘用」。因此，實在看不到這些規定會因為《港區國安法》的實施而改變。

2020 年 6 月 1 日《am730》〈黎 SIR 事務處〉

《港區國安法》阻止私人檢控？

2020年6月30日，第十三屆全國人民代表大會常務委員會第二十次會議全票通過《港區國安法》，並且在當晚深夜在香港公佈實施。

《港區國安法》共有六章、六十六條，因應香港回歸二十三年來仍未能為《基本法》第二十三條自行立法，並且針對過去一年在香港發生一連串危害國家安全的事件而制訂。除了備受關注的「分裂國家罪」、「顛覆國家政權罪」、「恐怖活動罪」及「勾結外國或者境外勢力危害國家安全罪」等四項罪行外，《港區國安法》的其他內容亦非常具有針對性。

第四章〈案件管轄、法律適用和程序〉第四十一條列明「未經律政司長書面同意，任何人不得就危害國家安全犯罪案件提出檢控」。有意見認為這點等於取消了私人檢控的做法，我不認同。

其實這類條文並非甚麼新事物，2003年特區政府嘗試為第二十三條立法時，草案中已有這條文。這條文的目的非常簡單清楚，就是一定要經由律政司長檢視案情及證據，認為情節適合，才會就案件提出檢控。這跟一般刑事案件，由律政司的刑事檢控專員，或者由他屬下的刑事檢控科檢控官決定是否起訴類似。

《香港法例》中亦有少量法例與上述第四十一條的寫法雷同。這是一條保障條文，而不是阻止私人檢控，兩者風馬牛不相及。

當然，如果有人嘗試用私人檢控的形式，就《港區國安法》所規管的各種罪行提出檢控，是被制止的。我也不認為反對《港區國安法》的人會以《港區國安法》的條文提出私人檢控。

因此，我認為坊間流傳，指《港區國安法》第四十一條是禁止私人檢控的說法，是不能成立的。

2020 年 7 月 6 日《am730》〈黎 SIR 事務處〉

《港區國安法》不容詆毀

2020年的「兩會」不平凡，效率高、快、準。短短八天會期，要報告的報告好，要處理的處理好，要決定的以雷霆萬鈞之勢決定了。今年將實現全國脱貧，進入小康，已經階段性戰勝新冠病毒，中央政府以人民生命為先，舉全國之力救治患者，不分貧富、身份、地位，充分表現政府的擔當和決心。

全國人大常委會副委員長王晨作《全國人民代表大會關於建立健全香港特別行政區維護國家安全的法律制度和執行機制的決定（草案）》説明時，在席全體代表委員以極熱烈、持久不息的掌聲表達支持，真的是身體動作比言語更勝千百倍。5月28日，「決定」以極高票在人大通過。馬不停蹄，密集性諮詢隨即展開，香港各界人士踴躍地，毫無保留地發表意見，支持的，反對的，憂慮的都講出來。三十三天後，全國人大常委會全票通過了共計六章六十六條的《港區國安法》，經諮詢《基本法》委員會和特區政府，《港區國安法》列入《基本法》〈附件三〉，在香港公佈實施。香港迎來了最佳的回歸二十三週年賀禮，止暴制亂可期，各行各業可以回復生機，再出發，再創輝煌的時機來臨了！

反對第二十三條，反對《港區國安法》的人跑的跑，退的退，「港獨」組織解散的解散，停止活動的停止，昔日的豪言壯語，甚麼核爆也不動搖的氣勢消失得無影無蹤。部分留下來的則用盡軟硬手段，繼續大打文宣戰、國際戰，勾結外力制裁，我們必須全力反對，採取適當反制措施。反對派對《港區國安法》的批評和攻擊表面上看來有點道理，但只要仔細想一想，做分析，不難看出只是一些空泛無實質的指責批評而已。

他們批評：中央違反給予特區高度自治的承諾，繞過立法會自行立法。

香港特別行政區是根據《中華人民共和國憲法》第三十一條成立，實行的制度按照具體情況由全國人大以法律規定。這部全國性法律就是《基本法》。基本法最核心的兩條是：第一條，香港特別行政區是中華人民共和國不可分離的部分；第十二條，香港特別行政區是中華人民共和國一個享有高度自治權的地方行政區域，直轄於中央人民政府。

《基本法》是一部授權法，特區制度和一切權力來自《基本法》。《基本法》在 1990 年 4 月 4 日通過，1997 年 7 月 1 日實施，至今並無修改。制訂全國性法律的權力機構是全國人大及其常委會。《基本法》並無條文規定全國人大不可以制訂全國性法律在香港實施。相反，第十八條規定全國性法律可以列入〈附件三〉，由特區政府公佈或立法實施。這是回應反對派指責的堅實法律基礎，它已生效了二十三年。

看看一些例子：國歌法是列入〈附件三〉的全國性法律，在香港立法實施。國籍法則是經過全國人大常委會解釋，1997 年 7 月 1 日起在香港公佈實施。《基本法》第二十三條要求特區應自行立法維護國家安全，經過了二十三年，特區自行立法仍遙遙無期，來自反對派的反對立法聲音不絕。國歌法的立法過程，徹底暴露本地立法機制失效。按現時形勢推算，特區第二十三條自行立法不切實際，加上過去一年的暴亂，「港獨」組織猖獗，勾結外國和境外勢力，大打制裁牌和國際線牌。香港缺乏適當法律維護國家安全，中央政府依法行使國家事權，制止亂局，合法合情合理，放諸世界各國皆準。

他們批評：中央破壞《中英聯合聲明》，「一國兩制」已死。

説這句話的人或組織從來沒有提出具體條文支持。中國政府在《中英聯合聲明》中清楚表明以《基本法》規定香港特別行政區的制度和授予的權力。剛才提及制訂《港區國安法》的法律依據，可以證明「一國兩制」不單未死，反而展現強大的生命力，面對新困難新挑戰，有足夠力量應對。

他們批評：特區政府不再保障人權，言論自由被扼殺。

這是錯的。香港人權自由不單沒有改變，反而得到進一步保證。《港區國安法》開宗名義在第一章第四條闡明特區維護國家安全「應當尊重和保障人權」（shall respect and protect human rights）。一如既往，法院審理國安案件時，解釋法律要考慮整體而不單是個別法律條文。因此，總則的相關規定必定產生保障人權的效果。再者，《基本法》的相關保障也要執行。

他們批評：司法獨立不再。

《基本法》第八十五條規定，特區法院獨立進行審判，不受任何干涉，司法人員履行審判職責的行為不受法律追究的條文完整無缺。批判的人提出了哪些事例、證據支持他們的指控？他們劍指《港區國安法》第四十四條行政長官應當從法官中指定若干名處理案件，指控這是侵蝕司法機構的權力和獨立性。

這論點不堪一擊。第一，行政長官只可以從法官名單中指定，即是沒有新人，而委任新人出任法官沒有改變，仍然要依據《基本法》第八十八條經由現行的獨立委員會推薦，行政長官任命。第二，指定專門法官處理特定類別案件不是新鮮事物，行之已久。須知案件愈來愈複雜，由有專長、有經驗的法官專門處理效果更好，效率更佳，判決更精準，更能彰顯公義。第三，行政長官在指定法官前可徵詢首席法官的意見。這規定既尊重司法機構，更能夠讓行政長官聽取最專業的意見。至於有人指控最後決定權在行政長官，她說了算。這指控無視現實，《基本法》委任法官的規定也是由行政長官作出，兩者有分別嗎？過往二十三年，反對派的擔憂發生過嗎？

2020 年 7 月 10 日《香港商報》

《港區國安法》〈實施細則〉規限了甚麼？

2020 年 7 月 6 日，特區政府就《港區國安法》第四十三條的〈實施細則〉刊憲，引起反國安法人士關注，指控條例箝制港人人權自由，賦予警方過大權力等等。

第四十三條是指警務處維護國家安全部門在辦理危害國家安全犯罪案件時，可採取的措施，條文共有七項。〈實施細則〉就是詳細列出這七項的執行細節，即警方可以在甚麼情況下行使第四十三條賦予的權力。

其實細讀〈實施細則〉便會發現，警方在第四十三條下可行使的權力，在香港現行法例裏已有實施，亦有監督，並非全新的、凌駕一切的。

例如第一項「為搜證而搜查有關地方」是「參照」了《火器及彈藥條例》及《進出口條例》，警方可向裁判官申請手令，進入和搜查有關地方進行搜證。

例如第二項「限制受調查的人離開香港」是「參照」了《防止賄賂條例》，警方可向裁判官申請手令，要求嫌疑人交出旅行證件，限制其離開香港。

上述兩項的重點詞都是「參照」而非「參考」，即是有根有據，把現有條文搬字過紙，而非無中生有。警方在執行上述兩項措施前都需向裁判官申請手令，並非無王管；而第二項的嫌疑人是可以書面向警務處處長或裁判官申請發還旅行證件及批准其離港的。

又例如第六項列明「所有截取通訊及秘密監察行動的申請，須經行政長官批准」，這點和現行《截取通訊及監察條例》由小組法官批准申請的做法不同，而行政長官「須確定秘密行動能符合相稱性和必要性的驗證標準」，這點與《截取通訊及監察條例》要求的標準相同。

同時，第四十三條列明國安委對警務處維護國家安全部門有監督責任，因此，〈實施細則〉要求「行政長官可委任一個獨立人士協助國安委履行上述監督責任」。凡此種種均顯示在《港區國安法》下，第四十三條對警方的授權，經由〈實施細則〉作出了細緻明確的規定，警方執法受到相當程序的限制及監督，不是無王管，更不能胡作非為。

2020 年 7 月 13 日《am730》〈黎 SIR 事務處〉

泛民「初選」有沒有違法？

泛民在2020年7月進行了所謂的「初選」，聲稱有六十一萬人投票，結果亦已公佈。兩辦及特區政府先後發出聲明，譴責泛民「初選」是非法操控選舉，無法律效力，涉嫌違反《港區國安法》、《個人資料（私隱）條例》及《選舉（舞弊及非法行為）條例》等多條法例。

主事者戴耀廷等人當然反駁，力指「初選」並沒違反任何法例。然而，真的是這樣嗎？

首先，私隱專員公署在「初選」前已公開關注「初選」涉及個人資料的收集、使用、保安和銷毀，可能構成不公平收集個人資料，觸犯《個人資料（私隱）條例》保障資料第一原則。主事者有沒有依法處理收集得來的個人資料，會不會把資料用於其他用途，現在我們不得而知，大抵要到9月立法會選舉時才見端倪。

第二，參加這次「初選」的人，明顯地抱有相同目的，就是要出選新一屆立法會選舉。因此，整個「初選」的開支理應屬於選舉開支的範圍，各位「初選」參選者必須如實申報，否則便是觸犯《選舉（舞弊及非法行為）條例》關於選舉開支的相關法例。

第二，亦是最重要的，泛民「初選」有沒有違反《港區國安法》？

有指是次「初選」違反了《港區國安法》第二十二條，「任何人組織、策劃、實施或者參與實施以下以武力、威脅使用武力或者其他非法手段旨在顛覆國家政權行為之一的，即屬犯罪」。

「初選」本身並無憲制基礎，合法性成疑，而且參選者有共同綱領，明確表示「堅定抗爭」、「五大訴求，缺一不可」，又承諾當選後否決《財政預算案》及特區政府所有議案，癱瘓立法會，反制政府等等。換句話說，他們當選立法會議員後會把綱領付諸實行，癱瘓特區政府運作。《基本法》有條文賦予他們可以不問因由，未審議就先立定主意統一行動，否決所有政府議案嗎？既然沒有，這不是非法是甚麼？這正正違反《港區國安法》第二十二條禁止的「以其他非法手段嚴重干擾、阻撓、破壞中華人民共和國中央政權機關或者香港特別行政區政權機關依法履行職能」。

正所謂「口嫌體正直」，戴耀廷、區諾軒及趙家賢三位主事者，一方面說得口響，指「初選」不違法，卻先後以漂亮的理由，宣佈退出「初選」工作。若泛民「初選」真的合憲合法，他們何須爭相退出自保？

2020年7月20日《am730》〈黎SIR事務處〉

特區政府「交波」人大常委會

新冠肺炎第三波疫情前所未有的嚴峻，特區政府不單在堂食禁與不禁之間進退失據，在立法會選舉應否如期舉行這重大問題上，亦拖拉了一段日子，政界、傳媒眾說紛紜。在提名期開始、各路人馬陸續報名後，傳出特區政府將煞停選舉的風聲，候選團隊心裏忐忑，總算體會到今屆 DSE 考生早前「唔知有冇試考」、「唔知幾時至開考」的焦慮心情。

終於，特區政府於 2020 年 7 月 31 日，即提名期結束的當晚六時，召開記者會，正式宣佈將第七屆立法會換屆選舉押後一年至 2021 年 9 月 5 日舉行。

記者會上，行政長官用了足足四十五分鐘詳盡闡述疫情有多嚴峻，列舉各方各面的數據和論點，最終簡單一句就是引用「緊急法」(《緊急情況規例條例》)，宣告因應香港面對極嚴峻的公共健康危機，為了有效防止疫情加劇，為了市民的健康着想，押後選舉。

不過，引用「緊急法」只能押後選舉，卻不能處理這一年立法會真空期的問題。立法會有工作週期及實際職能，一年間需要處理很多事項，包括立法、修例、審批撥款等等，當中最重要是審批通過《財政預算案》，否則特區政府和一切公共服務會停擺。可是《基本法》第六十九條列明一屆立法會議員的任期是四年，而第六屆立法會議員的任期在 2020 年 9 月 30 日便會屆滿。真空期足足一年，如何是好？

雖然《立法會條例》第十一條訂明，在本屆任期完結後、至換屆選舉前期間內，本屆立法會主席「必須應行政長官的要求，召開立法會緊急會議」。但是，緊急會議能否處理一整年真空期需處理的事情？這裏有個很大的問號。

《基本法》沒有教特區政府怎樣處理，惟有「交波」給中央政府尋求指示。國務院已回覆行政長官，同意立法會選舉押後一年；同時，中央政府將依法提請全國人大常委會決定如何處理立法會一年真空期的問題。全國人大常委會將於 2020 年 8 月 8 日至 11 日在北京舉行新一輪會議，究竟是「直通車」現任議員自動延任？成立「臨立會」委任現任議員？抑或有更突破的手法？無人知，但心急無用，還是要等，相信屆時自有分曉。

2020 年 8 月 3 日《am730》〈黎 SIR 事務處〉

泛民無力出大招

老話說「政治一日都嫌長」，選舉主任在 2020 年 7 月 30 日 DQ 了十二位立法會選舉參選人，其中公民黨佔了四位。「大規模 DQ」震盪未消，行政長官又於翌日宣佈因為疫情嚴峻，研判後引用「緊急法」(《緊急情況規例條例》)，把立法會換屆選舉押後一年；而已遭 DQ 的參選人將不獲發還選舉開支，隨即有報導指公民黨陷入財困。

重磅消息連環爆，泛民反應卻比以往沉寂，除了例牌抗議，公民黨梁家傑及楊岳橋被指與美國駐港總領事史墨客(Michael Hanscom Smith)密會，並未祭出有力大招回應。

根據《立法會條例》第七部，喪失資格的參選人可於選舉後作選舉呈請，挑戰選舉結果。所以，以往遭到 DQ 的參選人往往會訴諸法庭。但今次遇上的情況前所未見，就是選舉已經煞停亦不會有結果。沒有選舉結果，哪來選舉呈請？沒有選舉呈請，可不可以申請司法覆核？法庭會否受理？若有勇者付諸行動，我們才會知道法庭怎樣處理。

此外，《基本法》第六十九條列明一屆立法會議員的任期是四年，而第六屆的任期將於 2020 年 9 月 30 日屆滿。真空期足足一年，於是有人建議把現任議員的任期自動延長一年，即是第六屆的議員任期由四年變五年，不過這做法明顯違反《基本法》。有人建議行政長官提請中央釋法，可在我看來，釋法並不合適，因為無論如何都難以把「四」字釋為「五」字。

由全國人大常委會經考慮後作「決定」才是適合的做法。鑒於草擬《基本法》時未想過會出現如此罕見的情況，既然要面對全新的情況，便作出新的「決定」。當中又以仿效回歸前成立類似臨時立法會的過渡性立法組織，這個做法的機會較大。即是通過某種形式，由行政長官委任，以「直通車」形式，讓現屆議員擔任過渡期立法會議員，為期一年。

至於已被 DQ 的現任立法會議員，由於選舉主任判定他們不符合《基本法》第一〇四條的規定，認為他們並非真誠擁護《基本法》及效忠香港特別行政區，讓他們「過渡」議會怎樣看似乎都說不通。

2020 年 8 月 9 日《明報》〈三言堂〉

如今泛民怎麼辦？

眾說紛紜的「立法會一年真空期怎麼辦」這話題，在全國人大常委會於 2020 年 8 月 11 日全票通過《全國人民代表大會常務委員會關於香港特別行政區第六屆立法會繼續履行職責的決定》，決定「第六屆立法會議員全體續任不少於一年」後，斷了一些念想，卻又衍生了新的討論，讓政圈平靜不下來。

全國人大常委會這個決定簡單直接，乾淨利落，卻讓部分建制派失望，皆因有意見認為這本是踢走選舉主任已裁定提名無效的泛民議員的好機會，但是現在議員不用重新宣誓，沒有 DQ 問題，全體議員不論黨派齊齊「再上車」，立法會繼續運作，表面上皆大歡喜。

可是，這個「順攤」的決定，卻把泛民議員推向尷尬不已的局面。無他，如果全國人大常委會的決定夠硬、夠狠、有門檻、或直接把泛民排拒門外，泛民便正中下懷，大可繼續說自己是受害人，高聲疾呼全國人大常委會違反《基本法》、政治打壓、滅聲、白色恐怖、褫奪選民選擇權等等，要多苦情有多苦情，要多悽愴有多悽愴。他們也可以「齊落」、「全體下車」，大條道理向「全世界」交待。

如今泛民怎麼辦?「齊上」嗎?總辭嗎?杯葛嗎?缺席嗎?左看不是,右看也不是啊!

這邊廂,泛民說他們會「了解民意」從長計議研究下一步行動。那邊廂,有「很熱血」的議員急急腳表態會留任,同時又有本土派呼籲杯葛,以示抗爭。而民主派召集人則表示他們未有共識,看來連怎樣去「了解民意」也沒有傾向。

泛民議員為甚麼歎慢板?他們究竟在考慮甚麼?是放不下立法會議員每月十萬薪津及資源?抑或未想通怎樣對各方支持者自圓其說?這裏不作胡亂猜測。只是冷眼旁觀,「齊上齊落」對泛民而言真是很高的要求。

2020 年 8 月 17 日《am730》〈黎 SIR 事務處〉

《港區國安法》首遭挑戰

《港區國安法》實施以來，首度遭到挑戰，意義重大，法庭派出兩位法官審理並且聯合頒下判詞，重視程度可見一斑。在我看來，這次被告星級大狀團隊提出的論點有點啼笑皆非，法庭裁決有理有據，同時澄清了坊間對《港區國安法》的一些錯誤認識。

首位被控觸犯《港區國安法》的被告不獲保釋，其律師團劍走偏峰，竟向高等法院申請人身保護令，卻遭法庭駁回。需知人身保護令不是隨意使用的令牌，而是當申請人遭受非法拘留，申請方要求法庭頒令「放人」才用的。可是在此案中，被告並非遭到非法拘留，正如法庭指出，被告錯誤引用司法程序尋求法庭濟助，反之，被告應該按《刑事訴訟程序條例》第九 J 條申請保釋覆核。

此外，被告律師團指行政長官根據《港區國安法》第四十四條指派法官審理國安案件，是影響司法獨立。法庭否定了這個說法。法庭指出，行政長官只是依法指定若干名法官審理國安案件，至於由哪位法官審理哪宗案件，是由司法機關自行決定，這是法律容許的，法官獨立依法審判不受影響。

第三個論點更讓人質疑星級律師團的水平。由於《港區國安法》只有中文版而沒有官方英文版，被告律師團指他們星級人狀不諳中文，因此未能好好理解條文，從而指《港區國安法》有缺憾，用英文來説是 inaccessible law（意指看不懂的法律）。

代表特區政府的律師指出，《基本法》是用中文寫成的法律，英文版是過了一段時間才出台及被全國人大常委會採納。中英文版本若有差異，以中文版為準。此外，《中國國籍法》也是只有中文沒有英文的，過去卻沒有案例指《基本法》或《中國國籍法》因為語文版本的問題而發生違憲的法律爭拗。

《港區國安法》是全國性法律，只有中文版沒有英文版很正常，而即使法例沒有英文版，被告人的法律權利不會受到剝削。正如被告絕對有權選擇中英文俱佳的大律師為其辯護，選了不諳中文的大律師也是被告的選擇，不能因此反指法律有問題。

2020 年 8 月 24 日《am730》〈黎 SIR 事務處〉

司法系統上訴機制行之有效

社會對法庭裁決以至法官作出各種嚴厲批評，終審法院首席法官馬道立罕有地發表公開聲明。他闡述的原則非常重要，對提高社會認知及澄清誤解，甚具意義。

事實上，《基本法》第二條及第十九條均列明香港特別行政區享有「獨立的司法權和終審權」。法庭獨立審判是受到《基本法》保障的，社會應當尊重，對個別案件的裁決或判刑不滿，理應透過司法制度的機制處理，而非訴諸立場或情緒批判法庭。

香港的司法制度採取無罪推定原則，若控方提不出足夠證據，毫無疑點地證明被告干犯了被控的罪行，法庭不會將其定罪。此外，我們有上訴機制，若檢控方或被告方認為判決有錯漏，可以就法律觀點提出上訴，亦可以要求覆核判刑，由上級法庭裁決。

有案例是一對夫婦被控於 2019 年 7 月 28 日參予上環暴動，原審法庭判他們無罪，律政司提出上訴，要求上訴庭釐清某些法律觀點。另一案例，一名十五歲女生在 2019 年國慶前夕在天水圍被搜出白電油等，被判十二個月感化令。律政司不滿刑罰過輕，向上訴庭申請判刑覆核。上訴庭認同原審法官犯了原則性錯誤，並未考慮拘禁式刑罰的可能性，於是予以糾正。

根據香港的司法制度，上級法庭的裁決對於下級法庭有約束力，即是容許上級法庭對下級法庭作出判刑考慮及指引，而下級法庭必須根據上級法庭的裁決及指示去做。普通法制度就是通過累積案例，更加詳細地訂明適合當時社會環境的規範。

雖然上述機制行之有效，速度和效率卻需要改善。律政司必須加快決定是否對案件提出上訴，否則當大量同類案件開審時，原審法庭只能根據現行標準處理。有句法諺 justice delayed is justice denied，大意指「遲來的公義，等於否定公義」。若律政司繼續歎慢板，公義會由遲到變無到。

2020 年 9 月 28 日《am730》〈黎 SIR 事務處〉

尋求政治庇護的天眞想法

在《港區國安法》生效前倉促解散的港獨組織「學生動源」前召集人鍾翰林，在 2020 年 10 月 27 日早上企圖進入美國駐港澳總領事館，不過手還沒拍上領事館的門，在一馬路之外的啡咖店被警方國安處拘捕了，尋求美國政治庇護的行動，功虧一簣。

今次不是鍾翰林第一次被捕，早於 2020 年 7 月，他便因涉嫌分裂國家等罪被捕，當時獲准保釋，但是扣起了護照，不能離開香港。原本按照事態發展，他只要按時向警方報到，本可維持人身自由。如今他再次被捕，被控分裂國家、串謀發佈煽動性刊物及洗黑錢等罪名。而更重要的是，法官指他有棄保潛逃的可能（都企圖尋求美國政治庇護了），拒絕其保釋申請，即時還押壁屋懲教所至 2021 年 1 月 7 日再訊。即是説，他連原本保有的人身自由都即時失去了。

鍾翰林有港獨背景，有國安官司在身，大抵真的很想逃離香港。可是證件已被扣留，想循合法途徑離港幾乎是沒可能；循海路的話，分分鐘會重蹈「十二瞞逃」覆轍，遭公安拘捕，風險甚高。搜索枯腸，最終想到政治庇護這條「絕世好橋」。

協助鍾翰林的組織向傳媒表示，行動前已與美國政府聯繫，他們指控領事館沒有即時伸出援手十分可恥。我不知道他們與美國政府的「誰」聯繫，但是他們以為步入領事館便「安全」的想法，相當無知。

鍾翰林只有十九歲，本身只是學生，未知他（及背後協助他的組織）是否理解何謂政治庇護（political asylum）。根據國際慣例，政治庇護是指一個人離開了自己的原居地，在抵達目標國家後，向當地政府尋求庇護，要求留在當地。一般而言不會作境外處理。事實上，美國國務院已公開回應事件，指申請庇護的人士只能在到達美國後才可提出申請，領事館不會提供政治庇護。換句話説，即使鍾翰林成功進入領事館，也是徒然。

還有，根據《維也納領事關係公約》（Vienna Convention on Consular Relations）及其他相關法例，雖然領事館內香港法律管不到，但只要該人踏出領事館一步，香港的執法機關便可對其執法。難道鍾翰林想如同維基解密創辦人阿桑奇（Julian Assange）那樣，躲在厄瓜多爾駐倫敦大使館避足七年？

從鍾翰林「如此這般」被捕看來，這些所謂港獨派、勇武派，不單「理想」走歪，而且思想相當幼稚天真，年輕人一生前途從此盡毀，哀哉！

2020 年 11 月 2 日《am730》〈黎 SIR 事務處〉

泛民總辭「理想」終於達成

第六屆立法會的延任會期才開始了個多月，議員們仍沉醉在初復工的輕鬆氣氛，冷不防突來一顆重磅炸彈 —— 全國人大常委會就立法會議員資格問題作出了「決定」，列明「香港特別行政區立法會議員，因宣揚或者支持『港獨』主張、拒絕承認國家對香港擁有並行使主權、尋求外國或者境外勢力干預香港特別行政區事務，或者具有其他危害國家安全等行為，不符合擁護中華人民共和國香港特別行政區《基本法》、效忠中華人民共和國香港特別行政區的法定要求和條件，一經依法認定，即時喪失立法會議員的資格。」特區政府馬上根據「決定」宣佈四位立法會議員即時喪失資格，泛民議員又隨即宣佈總辭。執筆時，報導指有十五名議員遞交了辭職信，當中部分議員又以需要時間遣散職員為由，決定再坐一會至 2020 年 12 月 1 日。

全國人大常委會這次立法作了一個「決定」，激起的千重浪像滾雪球那樣，由「減四」變成幾乎「團滅」，議事廳內空櫈連連，幾乎讓人產生幻聽的「點人數」鐘聲沒再響起，立法會大樓久違地寧靜重臨。

中央政府捏準時機，在美國總統大選後才出的大招，事前沒半點風聲。到風起時，「決定」勢不可擋，手起刀落，泛民措手不及，倉促之間，只能祭出講過 N 次但無次成事的總辭，可惜阻嚇力、威脅力均欠奉，中央及特區政府不動分毫，泛民的總辭「理想」終於達成。

有人會認為中央出招太狠，但是只要大家回一回帶，回想一下泛民近年的所作所為，便會了解他們是踩着甚麼紅線，中央政府不得不強硬應對。遠的不說，就由 2014 年的違法「佔中」說起，泛民販賣「違法達義」的偽概念，鼓動年輕人上街，鋌而走險。2019 年的反修例抗爭，口口聲聲「反送中」，港獨、革命的意味濃。泛民不再堅持「和理非」理念，他們支持暴力，甚至視暴徒攻陷破壞立法會大樓而不見，他們有多愛惜自己日常工作的地方，大家一清二楚。此外，部分人多次公然跑到美國，要求美政府制裁香港。大大聲央求別國政府制裁自己的家，他們到底有多效忠香港特別行政區，大家心照。到區議會選舉大勝，他們更是沾沾自喜，雄心勃勃，勢要在立法會換屆選舉奪取 35+ 議席，以期控制立法會、否決所有政府議案、癱瘓特區政府施政。此外，他們更揚言要否決《財政預算案》，以達到解散立法會，徹底廢特區政府「武功」的目的。

在中央政府眼中，這些行為及目標等同搶奪管治權，試問世上有哪個政府會容忍？相信今次全國人大常委會的「決定」只是開始，而總辭後失去豐厚議員薪津、流落民間的泛民議員將會回歸田野還是另闢戰線？估計這場大戲仍未落幕。

2020 年 11 月 14 日《東方日報》〈棟情棟理〉

四位前議員會提呈司法覆核嗎？

中央政府在雙十一「光棍節」放大招，全國人大常委會就立法會議員資格問題作出了「決定」，特區政府隨即根據「決定」宣佈四位立法會議員即時喪失資格。該四位前議員會否提呈司法覆核？若提呈了，法庭會否批出許可？

我們經常從傳媒看到司法覆核案件的報導，那麼司法覆核是甚麼呢？真的事無大小都可覆核一番嗎？《基本法》第三十五條第二款列明「香港居民有權對行政部門和行政人員的行為向法院提起訴訟」，具體規定見於《高等法院條例》及《高等法院規則》。

換句話說，全國人大常委會所作的「決定」及特區政府取消四位立法會議員的資格，是否行政決定呢？若是，他們才可提呈司法覆核。《基本法》委員會副主任譚惠珠則向傳媒表示，四位前議員可以就行政長官取消他們資格一事提呈司法覆核，但是不能司法覆核全國人大常委會所作的「決定」，即使提出了，勝算也很低。

《基本法》第七十九條列出了立法會議員喪失資格的七項情況，若有議員發生該七項情況的任何一項，則「由立法會主席宣告其喪失立法會議員的資格」。在我看來，全國人大常委會所作的「決定」，除了賦予行使權力的是行政長官而非立法會主席這點不同外，「決定」與第七十九條的思路是一樣的，即是列出了先決條件，若議員觸犯了這些條件，「一經依法認定，即時喪失立法會議員的資格」，相當清晰。

此外，過去全國人大常委會至少有兩次的「決定」遭司法覆核挑戰。一次是「八三一決定」，梁麗幗向高等法院提呈司法覆核，指「八三一決定」在港沒有法律約束力。法官區慶祥指出，全國人大常委會是最終權力機關，香港法庭沒有司法管轄權質疑「八三一決定」（the court simply has no jurisdiction to do so），拒絕批出司法覆核許可。

另一次是有關高鐵「一地兩檢」，梁頌恆等人提出司法覆核，也是遭高等法院裁定敗訴。法官周家明指出，人大「決定」在香港具約束力，包括香港法院，因為全國人大常委會行使國家的意志，亦為主權體的一部分。

既然法庭已有先例可援，看來即使四位前議員真的提呈司法覆核，也是徒然，法庭會批出許可、他們會勝訴的機會非常之低。

2020年11月16日《am730》〈黎SIR事務處〉

黃之鋒與周庭的「認罪時差」

黃之鋒、林朗彥及周庭三人被控「煽惑他人包圍警總案」（2019 年 6 月 21 日）終於有裁決（2020 年 12 月 2 日），三人分別判囚十三個月兩星期、七個月及十個月。由於三人都是前「香港眾志」的代表人物，判刑引起西方國家關注及指罵，但是大家只要細讀判詞便會了解案件的嚴重性。

判決當日，判詞上載到司法機構網站讓公眾查閱，而除了判詞全文，這次還有「摘要」。這份摘要讓公眾更容易理解判案重點，這做法與高等法院及終審法院處理重要案件的做法相同，反映法庭明白公眾對這案件的關注。

要留意的是，這案正式開審前，周庭已在提堂聆訊（2020 年 7 月 6 日）時認罪。承認控罪表示她承認自己的過失，而且節省法庭的審訊時間，法律上可獲扣減刑期三分之一。如果案件證據確鑿，認罪是換取減刑的理想選擇。

黃之鋒及林朗彥則在四個月後、正式開庭前數日（2020 年 11 月 17 日和 18 日），始通過律師承認控罪，因此不獲減刑三分之一。裁判官認為他倆的減刑考慮在 20% 至 25% 之間，最後決定減刑 22%。

為甚麼會有這四個月的「認罪時差」？

曾有報導指他們曾於 4 月申請司法覆核，要求高等法院撤銷警方向裁判官取得的檢取查閱被告人手機的搜查令。但是後來並沒有相關裁決記錄，可推測司法覆核並沒繼續。為甚麼他們那麼緊張手機？看看判詞便知道，原來黃之鋒在案發前一天及案發當日早上（2019 年 6 月 20 日及 21 日），發出多個訊息，內容都是行動部署和計劃。因此，裁判官認為他們「並非因應突發事件而作出的煽惑，即非一時意氣用事所致，而是經過深思熟慮的」。

由此大膽推斷，黃之鋒他們本想保住手機裏的證據而提出司法覆核，後來大抵了解到自己「斷正」，證據確鑿，自己早有預謀，這場官司「無得打」，拖拉幾個月終於選擇認罪，但求從輕發落。

可是，裁判官不從其願，並從有預謀、犯案者角色、行動規模、交通阻塞、潛在風險、浪費資源、衝擊對象及公共服務受阻等多方面分析和判斷案情的嚴重性，認為必須「判處阻嚇性刑罰，即時監禁是唯一合適的判刑選項」。

案件落幕，黃之鋒等人昔日意氣風發已不復見。我期望年輕人明白，不能自以為是，漠視法律。「違法達義」是歪理，犯法者始終要面對法律制裁。

2020 年 12 月 7 日《am730》〈黎 SIR 事務處〉

不是抗議，是用非法手段顛覆政權

踏入 2021 年 1 月，世界沒有平靜下來。這邊廂，香港警方大規模拘捕與立法會「35+ 初選」有關的泛民人士；那邊廂，在泛民景仰的民主大國美國，則有大量特朗普支持者攻佔破壞國會山莊，暴力衝擊的畫面似曾相識，一幅一幅對比圖，勾起港人回憶。

回帶 2019 年 7 月 1 日，大批反修例蒙面暴徒在立法會外結集，衝擊警方防線，最後暴徒打爛立法會入口的玻璃門，衝入立法會大樓內大肆破壞，大堂、議事廳及保安辦公室等無一倖免。沒人想到象徵香港法治的立法會就這樣被攻佔，事件震驚整個香港，至今猶有餘悸。事後立法會要關閉數月復修，而當時在議事廳內脱下面罩朗讀抗爭宣言的梁繼平，卻在當晚率先逃離香港前往美國。

當時，美國政客對香港暴徒的行為讚美有加，美國眾議院議長佩洛西一句「美麗的風景線」（a beautiful sight to behold）至今仍扎在港人心上，美國打着支持自由民主的旗號，通過幾條打壓香港的法案，對香港官員實施的制裁又狠又狠。

諷刺的是，香港這道「風景線」像病毒一樣蔓延到美國首都華盛頓。輸掉總統選舉的特朗普死不認輸，在社交媒體發文號召支持者上街集會，導致大量羣眾聚集。特朗普又真的現身在白宮外發表演説，聲稱永不認輸，羣眾情緒高漲失控，一舉攻入國會山莊。

與香港的「風景線」不同的是，美國的武裝力量並不如香港警察那麼克制。面對暴亂和持械暴徒，立即出動國民防衛軍，聯同警察，全部真槍實彈上陣，不單在國會山莊內部施放催淚彈，而且開槍絕不手軟，執筆時傳媒報導已有四人死亡，數十人受傷，華盛頓立即實施宵禁。不過即使如此，西方傳媒並沒有像譴責香港警察「濫用暴力」那樣鞭撻美國警察，反而只是批評他們戒備不足（lack of preparedness）而已。

立法會遭攻佔時，內部沒有會議，空無一人。可是國會山莊遭攻入時，參眾兩院正召開聯席會議確立拜登為總統當選人，因此副總統彭斯及議員們都要倉皇逃生，雖然他們在暴徒離開後又返回議事廳繼續會議完成程序，但情境已相當狼狽荒謬。而相對於梁繼平朗讀宣言的畫面，有暴徒大剌剌地坐在佩洛西辦公室大班椅那幀相片更加經典，未知佩洛西有何感想？會不會要求警察馬上緝捕這人歸案？

這一次，針扎到肉，美國政客沒有歌頌暴徒的行為，反而羣起譴責。候任總統拜登痛斥暴徒行為「不是抗議，而是叛亂」（is not protest, it is insurrection）。龐貝奧説「違法和暴亂是不可接受的」（lawlessness and rioting is always unacceptable）。佩洛西說「我們的民主遭到了可恥的攻擊」（a shameful assault on our democracy）。彭斯則直指「暴力永不會獲勝」（violence never wins）。西方傳媒直接用上暴亂（riot）、暴力襲擊（violent attack）等字眼，相對於用抗議（protest）描述香港情況，雙重標準可見一斑。我倒認為上述這些譴責用在香港黑暴上十分公平公正！

特朗普的終極目的是推翻總統選舉結果，其支持者的行為已接近動亂，反映這個泱泱民主大國的制度正逐步崩壞。相對於香港在實施《港區國安法》後社會漸復平靜，但願這兩道「風景線」將愈走愈遠。

在香港，涉嫌觸犯《港區國安法》的泛民人士紛紛被捕，美國這場暴亂的始作俑者特朗普在落台後將有甚麼遭遇？

2021 年 1 月 9 日《東方日報》〈棟情棟理〉

議員宣誓不能當食生菜

中央政府及特區政府連環拋下兩個重磅炸彈，首先是全國政協副主席夏寶龍發表的「愛國者治港」論，接着是政制及內地事務局提出《2021 年公職（參選及任職）（雜項修訂）條例草案》（下稱《草案》），雙劍合璧，擺正態度，既狠且辣，毫不含糊，不單是從根源打擊「不愛國者」的從政之路，更重要是有助政局撥亂反正，對香港的長遠發展有深遠影響。

首先，《草案》把現在不用宣誓的區議員納入《宣誓及聲明條例》，即是日後區議員當選後要「真誠、莊嚴地」宣誓「擁護《基本法》及效忠香港特別行政區」，才可上任；而且現任區議員亦須宣誓「重新入閘」。單是這樣，已能讓反對派區議員如坐針氈，拒絕宣誓等於放棄議席，願意宣誓又可能遭支持者唾棄。

第二，《草案》以破天荒的處理手法，仔細羅列「正面清單」（六項）及「負面清單」（九項），定義何謂符合或違反「擁護《基本法》及效忠香港特別行政區」。「負面清單」所列項目既廣泛又仔細，基本上是「攬炒」反對派近年反中亂港、推動港獨、勾結外國勢力、危害國家安全的行為，反對派若想在當中鑽空子，恐怕難上加難。

第三，即使議員成功宣誓，但上任後若行為與「負面清單」吻合，律政司司長可以其涉嫌違反誓言、並非「擁護《基本法》及效忠香港特別行政區」為由，提出法律 DQ 程序，有關議員要立即停職，直至法庭有最終裁決。而為了加快司法程序，《草案》建議設立「越級上訴機制」，不服原訟庭裁決的一方可以「青蛙跳」直接去終審法院尋求最終裁決。而被裁定違反誓言的議員，DQ 後五年內不得參選。眾所周知，立法會及區議會均是四年一屆，五年內不得參選等於跨越兩屆，這對反對派來説是致命一擊，誰有能耐有資源蟄伏兩屆後捲土重來而又確保選票仍在？

特區政府今次提出的修訂，並非表面上填補《宣誓及聲明條例》的漏洞那麼簡單，從《草案》層層推動、縝密細緻的條文，可見特區政府終於下定決心面對問題，今後議員宣誓再不能當食生菜。

《草案》如箭在弦，我在這裏大膽沙盤推演，未來一段日子會出現甚麼情況？

一、已有現任反對派區議員「大義凜然」拒絕宣誓，即是等同辭職，即將失去議席。

二、有人在宣誓時「玩嘢」，挑戰「真誠、莊嚴地」宣誓的極限；其他人成功宣誓。

三、宣誓就任後，有議員按捺不住，繼續反中亂港，觸犯「負面清單」，遭律政司司長入稟法院，議員立即停職；於是出現第一宗相關官司，又爭拗到終審法院；出現第一位議員在新法例下遭 DQ，特區政府需研究補選。

四、新一屆區議會或立法會換屆選舉舉行，還有多少反對派參選或由素人代出戰？

2021 年 2 月 27 日《東方日報》〈棟情棟理〉

言必行，行必果

中央政府千鋪萬墊，無非是希望港人明白，國家安全是香港能走下去的首要條件，港人享有穩定生活的大前提。繼實施《港區國安法》、強調愛國者治港、完善選舉制度後，來到 2021 年 4 月 15 日的「全民國家安全教育日」(下稱「教育日」)。這年的規模比往年大得多，也「全方位」得多，反映特區政府的重視程度。

首先是邀請了很多重量級嘉賓講話，讓市民以不同角度理解國家安全對香港的重要性。當中最重要的，自然是中聯辦駱惠寧主任的發言。駱主任代表中央政府，宣示了「言必行，行必果」的堅定態度，表明了「國家安全是國之大計」，因此，「對一切損害國家安全和香港繁榮穩定的行為，該出手時就出手，一旦出手必到位」。一句話總結了近年來中央政府對反對派的所作所為，如何由包容變成忍無可忍，並且以迅雷不及掩耳的速度，接連為香港立下《港區國安法》及完善選舉機制，填補法制漏洞，改組選舉委員會及立法會。落地有聲，醍醐灌頂，但願港人明白中央政府的初心。

第二，特區政府多個政策局也投入「教育日」的工作。教育局去信呼籲全港學校配合「教育日」舉辦學習活動，據報有很多學校響應。教育局局長楊潤雄到小學參加升旗儀式；其他學校也有升旗禮、奏唱國歌，或者看影片，老師教授同學要尊重國家，守法守規。教育是相當重要的範疇，以往就是教育出了問題，部分年輕人變得漠視國家、漠視法律，誤信「違法達義」。期望「教育日」是撥亂反正的好開始。

在保安局統籌下，紀律部隊五間訓練學校舉辦了開放日，新引入的中式步操表演讓市民眼前一亮。警務處處長鄧炳強強調警察的責任是依法執法，偵查及拘捕犯法的人，警察和違反《港區國安法》的人誓不兩立，警方必定盡己所能把犯人繩之於法。「一哥」所言非虛，事實上，自《港區國安法》實施以來，已有約百人遭拘捕，當中約五十人被檢控。

不過，在我看來，最重要的持份者是廣大的香港市民，既是國家安全的守護者，也是受惠人。大家同心同德，守法守規，社會才可恢復穩定，才能共享未來。

2021 年 4 月 19 日《am730》〈黎 SIR 事務處〉

《港區國安法》一週年，執法司法各司其職

2020 年 6 月 30 日，全國人大常委會全票通過《港區國安法》，列入《基本法》〈附件三〉，並由特區政府公佈實施，填補了香港特別行政區在維護國家安全方面的短板，開創了新的局面。

回歸二十四年以來，香港不單止未能履行憲制責任完成《基本法》第二十三條立法；反之，港獨、自決、「佔中」、「35+」非法公投等運動，層出不窮。反中亂港運動的不斷蔓延，在外部勢力的明地暗裏鼓動和支持下不斷升溫，最終引發長達一年多的反修例暴亂。烽煙處處，執法者疲於奔命，而在大街小巷行走的市民則天天擔驚受怕，苦不堪言。

反對立法的人和組織對《港區國安法》的批評不絕，發表了許多似是而非的質疑，所謂法律、人權、自由問題，不一而足。同時，境外勢力推波助瀾，美國政府更藉口制裁國家和香港官員，以壯聲勢，打壓國家發展。惟中央和特區政府立場堅定，按既定時間表路線圖無懼前行，《港區國安法》在香港回歸祖國二十三週年前夕完成立法程序，生效實施。

《港區國安法》開宗明義規定了特區維護國家安全應當

尊重人權，依法保護香港居民根據《基本法》和《國際人權公約》享有的各項自由和權利，亦規定了一些刑事審訊的重要原則，包括罪刑法定（即犯罪行為、構成條件等由法律規定）、無罪推定、保障辯護、一事不兩審、保密和不溯及既往等原則。對於就任公職或參選、推廣國家安全教育，提高居民的國家安全和守法意識，亦有規定。

一年快過去了，要檢視《港區國安法》的威力，可以從震懾、執法檢控、法庭審理裁決等三方面探討。

首先談震懾力。《港區國安法》先聲奪人，法律尚未通過，已經有反對派頭面人物宣佈金盆洗手，退出江湖，從此絕跡政治舞台。繼而，不少身先事卒，鼓吹自決港獨的組織也宣佈即日解散或終止在香港一切活動，也有不少活躍份子靜悄悄地避走他方，聲稱去外國繼續打國際線云云。其餘的人紛紛轉入地下，昔日的豪情壯語，氣蓋山河的氣勢，消失得無影無蹤。

至於執法力度，警務處維護國家安全處即日成立，幹警和配置馬上就位。他們無畏無懼，嚴格依法循規查案，至今已拘捕超過百名疑犯。律政司亦全力配合審視案情，一旦證據充足，便提起檢控，已把五十多人帶上法庭，當中有黎智英案、唐英傑案、「35+」初選案、馬俊文案、鍾翰林案、譚得志案等等。

第三，在普通法制度下，法庭在審理案件時詮釋法律條文，對發揮《港區國安法》的威力，起了關鍵作用。但有論者指由於《港區國安法》第六十五條規定解釋權屬於全國人大常委會，質疑法庭詮釋法律的權力。這質疑毫無根據，皆因第四十一條規定：「特區處理國安案件時，偵查、檢控、審判⋯⋯事宜，適用本法和特區本地法律」。

黎智英保釋案，終審法院迅速受理上訴，只用了八天，便頒佈了中英文判詞，足見法院對案件的重視。本案的裁決極為重要，因為根據普通法，終審的裁決有約束性，下級法庭必須依從。

首先，終院明確指出維護國家安全不屬於香港特區自治範圍而是中央事權，以及中央政府對香港特區有關的國家安全負有根本責任。

第二，全國人大及其常委會根據《基本法》條文及當中程序進行的立法行為，不可藉指稱國安法與《基本法》或《國際人權公約》不符為由，進行覆核。

第三，《港區國安法》的立法原意是，國安法與特區法律並行，尋求與本地法律的「銜接、兼容和互補關係」。《港區國安法》第六十二條訂明，假若有不一致處，則優先採用《港區國安法》條文。

第四，詮釋《港區國安法》的條文，須因應整部《港區國安法》的背景和目的來審視。

第五，《港區國安法》第四十二（二）條為保釋申請加入了嚴格的門檻要求，如法官考慮過所有相關資料，認為沒有充足理由相信被告人不會繼續實施危害國家行為，自當拒絕保釋申請。據此，法庭其後在審理包括「35+」案有關維護國家安全罪行的保釋時，大多數被告的申請被拒，要還押候審。

至於唐英傑人身保護令案，唐英傑是根據《港區國安法》被提控的第一人。他的律師向法庭申請人身保護令，理由林林總總，包括《港區國安法》沒有官方英文版本，限制了被告人向不懂中文的律師尋求法律意見的選擇、行政長官委任可以處理國安法的法官，屬於干擾或影響司法獨立等等。聆訊後，法庭認為這些理由都沒有爭辯空間，駁回申請。

因應本案情況，律政司長決定唐英傑須在高等法院由三名法官組成審判庭取代陪審員審理。他不服提出覆核，強調陪審團審訊是被告人的基本權利，而律政司長在作出決定前並無通知被告和聽取陳詞，不符合程序和不合理。聆訊後，法官駁回申請，指出《港區國安法》製造了一種新模式處理審訊，除可由傳統陪審團審理外，亦可由三名法官組成的審判庭審理。只有律政司長本人有權決定這種「新模式」是否適用於個別案件。當審訊涉及危害國家安全的罪行時，原先在原訟庭享有的陪審團制度可以由三位法官組成的審判庭取代。法官亦同意律政司長的決定是受《基本法》保障，不受任何干涉，只要不是出於惡意或不誠實動機提出檢控，法庭並無基礎介入。本案不涉違反程序公義，司長的決定亦非不合理，覆核並無合理可爭辯之處，駁回申請。

《港區國安法》先聲奪人，震懾效力很大。執法、司法各司其職，效果明顯，香港社會秩序恢復了。隨着各宗案件的審理，控辯雙方定必脣槍舌劍，全力爭拗國安法條文的立法原意。法庭的判決必定會釐清條文的原意，令公眾更明白國安法的規範，各界先前對《港區國安法》條文的種種疑慮，都會有清晰答案。港獨、自決份子當然害怕《港區國安法》，他們已轉入地下隱蔽活動，執法機關必須努力不懈，把違法者繩諸於法，嚴防港獨星火重燃。維護國家安全，在各方努力下，「一國兩制」重回正軌，受益的是香港社會和廣大市民，「一國兩制」必能行穩致遠。

2021 年 6 月 22 日《星島日報》

從《基本法》看新聞自由

壹傳媒旗下《蘋果日報》和《壹週刊》停刊，西方社會及部分市民指責特區政府侵害香港的新聞自由、言論自由。但是，我認為大家應該從法律上理解這事情。

首先，香港的新聞出版自由是受《基本法》保障的。《基本法》第二十七條訂明：「香港居民享有言論、新聞、出版的自由」，第三十九條規定：「《公民權利和政治權利國際公約》……適用於香港的有關規定繼續有效，通過香港特別行政區的法律予以實施。香港居民享有的權利和自由，除依法規定外不得限制，此種限制不得與本條第一款規定抵觸」。這兩條條文非常清楚地指出香港居民是享有新聞自由的。

第二，新聞自由是否容許傳媒及工作者無視守法的要求，甚至觸犯法律？答案在《基本法》第四十二條，即：「香港居民和在香港的其他人有遵守香港特別行政區實行的法律的義務」。

那麼說，第二十七條、第三十九條和第四十二條是有衝突嗎？新聞自由可以凌駕守法義務嗎？法庭指出，詮釋法律時必須考慮整體條文的立法背景及目的，作出連貫性解釋。

《基本法》列明香港居民有守法義務，這是十分重要的。換句話說，港人所享有的任何自由，都是建基於「遵守香港特別行政區法律」這基礎上。

另一點要留意的是，《港區國安法》第四條「香港特別行政區維護國家安全應當尊重和保障人權，依法保護香港特別行政區居民根據香港特別行政區基本法和《公民權利和政治權利國際公約》……適用於香港的有關規定享有的包括言論、新聞、出版的自由……在內的權利和自由。」是把《基本法》第二十七條和第三十九條抄錄過去了。

上訴法庭最新的判例明確指出，詮釋《基本法》及《港區國安法》時，第一是必須考慮兩者之間的協調作用，因為兩者是相輔相成的，第二是必須考慮整體條文的目的及背景。基於上述兩點，可見簡單事實就是，除了《港區國安法》禁止的違法行為外，港人享有包括新聞自由在內的各種自由。

回說壹傳媒，新聞自由是否可以演繹成不需遵守《港區國安法》及《基本法》呢？若傳媒做了《港區國安法》或《基本法》禁止的事，是否可以因為是傳媒就獲免罪呢？其實答案亦顯而易見，《基本法》列明港人有守法的義務，而犯法就是犯法，若有傳媒觸犯法律，這與港人所享有的新聞自由及其他各種自由是沒有關係的。

2021 年 6 月 28 日《am730》〈黎 SIR 事務處〉

教協從洗白到解散

這陣子，看着教協跌落神壇，左退右縮，趕着洗白，真是早知今日，何必當初。

教協自恃手握九萬多會員，是香港教育界最大規模的工會，多年來壟斷立法會教育界功能組別議席，每當社會對教師業界有質疑，教協便高喊「專業自主」，把事情推搪甚至包庇過去。近年，教協在他們領導層的帶領下，政治立場愈走愈激，已偏離教育及教師專業，走在反政府、反國家的最前線。

教協會長是民主黨黨員及終極普選聯盟召集人，教協是民陣、支聯會及職工盟的成員，教協早就走政治路線了。不論是早年的反國教，每年的「七一」遊行，到近年的違法「佔中」、反修例黑暴，教協不單從不缺席，而且擔演的角色愈來愈重。在黑暴中，教協不單沒有譴責暴力，沒有引領教師和學生正確認清事實，甚至製作文宣、美化暴力，教唆、呼籲罷課，主動把政治滲透校園，又成立「教協訴訟及緊急支援基金」來支援被捕或釘牌教師，就像教育局局長楊潤雄發給教師的公開信（2021 年 8 月 5 日）所言，教協是「直接或間接地把部分教師及學生推向違法、被捕、入獄的不歸路」。

其實社會早已累積不滿教協的聲音，但是特區政府一直沒敢直面問題，直至《新華社》和《人民日報》發表評論文章（2021 年 7 月 30 日），強而有力地直指教協是毒瘤，必須鏟除，特區政府才突然有了底氣，立即和教協撇清關係，發聲明（2021 年 7 月 31 日）終止教協的工作關係，不再承認教協為教育專業團體，不再承認教協辦的培訓課程，也會終止教協成員的公職任期。

也許是大招快狠準，教協沒反應過來，或者怕被鏟除，陣腳有點亂，連日來的回應無力又可笑。首先是睜着眼說「沒有煽動學生示威」、「反對港獨」，這要找誰信呢？跟着又說「今後將聚焦教育專業和權益的工作」，這簡單就是承認罪狀了。最後還宣佈成立甚麼「中國歷史文化工作組」，由前會長張文光擔任顧問，說要推動教師「正面認識中國歷史、國情和文化」云云。這不就是事急馬行田，為了洗白甚麼也肯做了嗎？

截稿時正直播教協的解散記者會，所謂學壞三日，學好三年，教協從已故司徒華先生創辦開始，走過四十八年專業路，近年卻在領導層帶領下急劇走歪。被官媒點名批評，到亂招洗白，再到自行宣佈解散，才不過十天，教協的領導層，有後悔過近年的所作所為嗎？

2021 年 8 月 9 日《am730》〈黎 SIR 事務處〉

物極必反，全面潰敗

2021 年「七一」前，市面上流傳《蘋果日報》將會於「七一」前停刊的消息，當時很多人半信半疑。結果，壹傳媒及《蘋果日報》五名高層在 6 月 17 日被國安處拘捕，《蘋果日報》真的在 6 月 24 日停刊了，壹傳媒也在 6 月 30 日宣佈停止運作。

「七一」這條分水嶺，就這麼定了；樹倒猢猻散，「七一」後這個半月，反對派的勢力迅速瓦解。

風繼續吹，有傳媒指特區政府將執行區議員宣誓、大規模 DQ 區議員、並且全面追討遭 DQ 區議員的薪津，追到破產，區議員嚇破膽，隨即有二百多名反對派區議員辭職。民政事務局局長卻說未有區議員宣誓時間表（8 月 14 日），可見早前那「風」吹得極度有效。

那邊廂，民主黨副主席李永達放下妻子、放下民主黨，靜悄悄赴英，報導指他原來已於 8 月 6 日離港。就像其他離港反對派人士那樣，昔日豪言壯語不復存在，問心就最緊要自保。好像早早就悄無聲息出走加拿大的郭榮鏗，近日獲英聯邦律師協會（CLA）頒發第五屆英聯邦法律會議法治獎，真是走得快，好世界。話說回來，李永達出走引發民主黨內訌，民主黨會怎樣走下去？

《新華社》和《人民日報》發表評論文章（2021 年 7 月 30 日），直指教協是毒瘤必須鏟除，教育局便積極配合，立即終止與教協的合作關係，不再承認教協為教育專業團體。有報導指教協枱面枱底扭盡六壬，欲求一線生機，可惜求生不果，終究宣佈解散（8 月 10 日）。教協近年政治立場激進，與民陣、支聯會及職工盟的關係千絲萬縷，更有指教協曾借戶口予民陣處理資金，有觸犯《港區國安法》的嫌疑，求生不得，求死也不能，解散不等於一了百了，教協的領導層難以洗脫干係。大膽預測一下，不久後，我們會否看到教協領導層離港的報導？

大家都說，教協之後，下一站民陣（民間人權陣線）。消息傳了多天，民陣臨時召集人鍾松輝一度以「不評論、不澄清」閃躲過去，但終究不想面對也要面對，在 2021 年 8 月 15 日發聲明宣佈解散。不過，和教協的情況類似，民陣背後的戶口、資金處理等等問題，並不是一聲解散便可煙消雲散的，後續如何，還看國安。

屈指一算，在教協及民陣之前，已有二十多個工會解散、撤銷登記，當中很多都是在黑暴期間成立的「新工會」，反映《港區國安法》實施年多以來，切切實實地發揮了震懾作用，黑暴期間膨脹的反中、反政府、港毒勢力，證明沒有出路。

2021 年 8 月 16 日《am730》〈黎 SIR 事務處〉

「共同犯罪計劃」毋須在現場「參與」

與 2019 年黑暴相關的案件，一宗接一宗地被法庭裁決，也讓一些法律概念進入公眾視線，例如本篇討論的「共同犯罪計劃（joint enterprise）」（夥同犯罪）。終審法院把「赴湯杜火」案與盧建民案的上訴合併審理，並於 2021 年 11 月 4 日頒下終審判詞。案件涉及重大而廣泛的法律觀點爭議，就是普通法原則「共同犯罪計劃」是否適用於《公安條例》第十八條「非法集結」及第十九條「暴動」。

《公安條例》第十八（一）條列明，「凡有三人或多於三人集結在一起，作出擾亂秩序的行為或作出帶有威嚇性、侮辱性或挑撥性的行為，意圖導致或相當可能導致任何人合理地害怕如此集結的人會破壞社會安寧，或害怕他們會藉以上的行為激使其他人破壞社會安寧，他們即屬非法集結。」

第十九條則列明，「如任何參與憑藉第十八（一）條被定為非法集結的集結的人破壞社會安寧，該集結即屬暴動，而集結的人即屬集結暴動。」

終審法院指出，「共同犯罪計劃」的原則，與上述條文提及的「參與」有關連。任何人如果被證實「身處」非法集結或暴動「現場」，而且「參與其中」，就是犯法。非法集結和暴動都屬於「參與性的罪行」，被告人的參與意圖可在其「行為」中看出來。

相對地，「共同犯罪計劃」則並不要求所有被告人都要身在現場。而基於普通法原則與《公安條例》的罪行定義不同，《公安條例》應凌駕於「共同犯罪計劃」的原則，因此「共同犯罪計劃」原則並不適用於「非法集結」及「暴動」。

那麼說，那些提供物資、慫恿其他人參與暴動、或者駕「保姆車」接送暴徒的人，就可以「甩身」了？當然不。終審法院特別指出，有其他刑事罪行可就這些行為提出檢控。

根據普通法的「從犯罪行」及「不完整罪行」概念，任何人推動或促使非法集結或暴動，即使他們不在現場，仍可以「從犯」、「串謀者」或「煽惑者」的情況起訴，若法庭判定罪名成立，刑罰與「身處現場」參與暴動一樣。

此外，可以用「協助教唆」或「促使人參與暴動」等罪名起訴傳播信息、宣傳或鼓勵非法集結的人；也可以用「協助犯罪罪」把駕駛「保姆車」接送暴徒的人繩之以法。

終審判詞特別舉了例子：假如有一班人同意參與暴動，意圖在街上放置障礙物堵塞交通，他們都知道有人會帶汽油彈，並且繼續進行這些計劃，若有人在暴動現場用汽油彈造成嚴重傷害的話，便可以用「延伸共同犯罪原則」（extended form）來控告相關人士。

上述不同的罪行加起來，構成一張嚴密的法網，犯了法的人別妄圖有「法律罅」可走。同時，隨着終審法院頒下判詞，其他累積的暴動案件會陸續審理，早日審結這些案件，社會早日邁向新篇章。

2021 年 11 月 11 日《悦傳媒》〈棟悉港情〉

第三章

選舉

愛國爲先

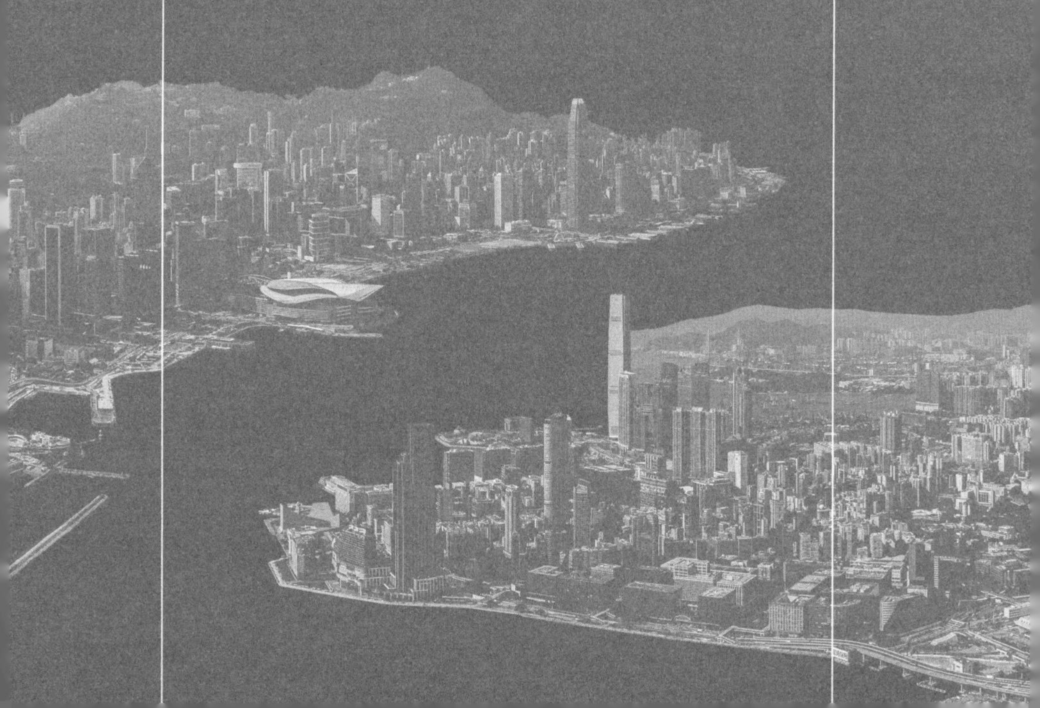

中央親自出手，用心良苦

2021 年「兩會」開幕前，全國政協副主席、國務院港澳事務辦公室主任夏寶龍率先重提已故領導人鄧小平的「愛國者治港」論，指出愛國者治港是全面準確貫徹「一國兩制」方針必須遵從的根本原則，説明「堅持愛國者治港是關係到『一國兩制』事業興衰成敗的重大原則問題，容不得半點含糊」。

3 月 5 日，全國人大常委會副委員長王晨作了《全國人民代表大會關於完善香港特別行政區選舉制度的決定（草案）》的説明，提出修改《基本法》〈附件一〉行政長官產生辦法和〈附件二〉立法會的產生辦法。國務院副總理韓正亦明言「一國兩制」要行穩致遠，就必須堅持法治原則，糾正以往的制度缺失，配合完善愛國者治港的工作。附件修改完成後，特區政府會相應修改本地法例。

行政長官選舉委員會也要調整優化，重新建構。行政長官作為香港特別行政區的首長，既要向香港市民負責，亦要向中央政府負責，因此，選委會的組成十分重要，若一直讓反中亂港的人佔據選委會一定數量的席位，便無法確保能夠選出愛國愛港的行政長官。而根據目前的分佈，選委會一千二百席中，區議員佔一百一十七席。有建制派意見認為在《基本法》下，區議會其實只是非政權性的地區諮詢組織，卻佔了選委會總票數的百分之十，實不合理。再者，今屆區議會被反對派把持，這一百一十七張選票足以左右大局，實在有必要撥亂反正，把區議會剔出選委會。

同理，立法會功能團體界別組成中有五席超級區議會議席，我認為亦屬不合時宜的設計。如果取消五席超級區議會議席，由其他功能組別代替，是務實做法。

「一國兩制」、港人治港、高度自治，一切都源於中央政府的授權。香港回歸二十四年，政制發展緩慢。以往中央政府以最寬仁的態度，讓特區政府自行處理，尋求共識。可是事實證明，特區政府沒有足夠的政治能量，不單處處碰壁，還讓反對派勢力不斷坐大，港獨思想成型，社會陷入黑暴威脅。中央逼不得已，惟有親自出手，為香港完善選舉制度，用心良苦。

2021 年 3 月 8 日《am730》〈黎 SIR 事務處〉

完善選舉制度是政治問題

全國人大會議通過完善香港特別行政區選舉制度的「決定」後，港澳辦副主任張曉明表示，香港當前存在的主要問題是政治問題，涉及奪權與反奪權、顛覆與反顛覆、滲透與反滲透的較量，中央政府沒有退讓的餘地。張主任已清晰明確點出問題的核心，坊間討論不要對錯焦點。

回顧歷史，中央政府辛苦部署，按照「一國兩制」的方針政策，制訂《中華人民共和國香港特別行政區基本法》，在 1997 年 7 月 1 日恢復對香港行使主權，期望港人在「一國兩制」及《基本法》框架下，在高度自治的授權下，自己管理好自己的事務，這是中央政府的初心。殊不知二十四年後的今天，反對派鑽盡空子，違法「佔中」、反修例抗爭、「35+」攬炒，甚至高唱港獨，反對派企圖利用選舉議席對特區政府及中央政府步步進逼，部分人士更被外部勢力充分利用，西方代理人公開站到台前，結集力量，意圖奪取管治權，還要將香港分離出去。試問有哪個國家的政府會放任這些事情持續發展而不予理會？

西班牙加泰隆尼亞先後於 2014 年及 2017 年舉行獨立公投，亦發生過大規模騷亂。加泰自治政府於 2017 年自行宣佈獨立，但西班牙政府立即宣佈獨立公投違法，收回加泰的自治權，並且拘捕十二名加泰自治政府官員及獨派領袖，控以煽動叛亂等罪名。2019 年，其中九名獨派領袖被判入獄九至十三年。另外三名主力推動獨立公投的加泰自治政府前官員流亡至歐盟，西班牙政府發出國際逮捕令，惟多次尋求引渡被拒。直至 2021 年 3 月，歐洲議會宣佈撤銷這三人的刑事豁免權，意味西班牙政府隨時會引渡他們回國受審。可見西方或歐洲國家對待獨立抗爭也不會手軟。

說回香港，選舉制度已長時期沒有深刻檢討過，當中灰色地帶讓反對派、港獨派有機可乘，的確是時候堵塞漏洞，把制度缺點糾正過來。有反對意見認為改善了的選舉制度減少直選議席，就是民主倒退。這只是倒果為因，利用簡單的算術以偏蓋全。須知這次全國人大的「決定」，只涉及修改《基本法》〈附件一〉及〈附件二〉，即行政長官及立法會的產生辦法和表決程序，而《基本法》第四十五條及第六十八條所訂明的根據實際情況，循序漸進，最終達致普選行政長官及立法會的目標，並無改變。

還有最重要的一點，正如本文開首所言，這次「決定」要解決的是政治問題，而不是民主步伐快一點慢一點的問題。香港要因應實際情況，完善選舉制度，清除路障向前走。

2021 年 3 月 15 日《am730》〈黎 SIR 事務處〉

港人須深刻理解「決定」內容

全國人大會議在 2021 年 3 月 11 日表決通過《全國人民代表大會關於完善香港特別行政區選舉制度的決定》後，中央政府派了高層次代表團來香港，進行了六十六場座談會，分別與社會各界千多人會面，聽取意見。與以往的大規模宣講會不同，這回座談會以小組形式進行，每一位參加者都有機會發言，闡述意見。這安排反映中央政府十分重視港人的看法，聚焦地聽，意義和效果非凡。

回說這次「決定」的九點內容，對完善香港的政制發展極為重要，港人必須深刻理解，其中：

第二點調整了選舉委員會的組成及功能，由一千二百人增至一千五百人、由四大界別增至五大界別，由基層及地區組織取代區議會議員的代表。選委會將負責提名行政長官及立法會候選人、選舉行政長官候任人及部分立法會議員。

第三點是行政長官候選人必須在五大界別中各取得不少於十五個提名，總提名不少於一百八十八個才可。這個做法避免候選人只集中爭取個別界別的提名，有助行政長官面向全社會，意義重大。

第四點是立法會的組成由七十人增至九十人，分選委會、功能團體及地區直選三個組別；議席分佈未有定案，交由全國人大常委會決定。目前社會有各種建議，包括「二-三-四方案」等。

第五點是設立候選人資格審查委員會，以憲制和法律標準，審查選委會、行政長官及立法會候選人的資格，確保他們符合法律的規定。

第六點是授權全國人大常委會修改《基本法》〈附件一〉《行政長官產生辦法》和〈附件二〉《立法會的產生辦法和表決程序》。特別要留意的是，《基本法》第四十五條及第六十八條所訂明的根據實際情況，循序漸進，最終達致普選行政長官及立法會的目標，並沒改變。

第七點是最後一步，特區政府修改本地法律，並依法組織、規管相關選舉活動。

在未來十二個月，香港要舉行選委會、行政長官及立法會三場選舉，時間極為緊逼，而現屆立法會議員更有重要任務，要及時審議及通過特區政府提出的修例草案，讓三場選舉能順利完成，讓香港政制邁向健康的發展道路。

2021年3月22日《am730》〈黎SIR事務處〉

犯法是要負刑責的

這幾天，在新疆棉花、藝人與品牌割席、葉太論壇抗議等等極搶眼球的新聞之外，我更留意一宗嚴肅的法庭新聞，就是律政司就十六宗反修例案件提出刑期覆核申請，當中十五宗上訴庭已完成審理，全數覆核成功，十八名被告全部加重刑罰，包括由社會服務令、感化令等非監禁式刑罰，改為即時監禁或其他禁閉式刑罰等等。

刑罰由輕變重，自然會有人反對或大感不值，然而，大家必須回歸法律審視情況。事實上，若律政司認為有案件的裁決原則上有錯誤、刑罰明顯過重或過輕，有責任向上訴庭申請覆核刑罰。在反修例抗爭期間持續發生暴力案件，涉及重大公眾利益及公共安全，很多人誤信「違法達義」、「法不責眾」等荒謬口號，因此，我認同上訴庭裁決，刑罰必須具阻嚇作用，否則若人人都不守法，任意妄為，社會必然大亂。

這批案件中，其中八位被告犯案時年齡為十八歲以下；兩名十四歲的被告，由原判兒童保護令，改判感化和社會服務令，變相留案底。於是有意見認為法庭不近人情，不放過年輕人，破壞他們人生規劃，不利他們更生等等。

年輕人犯事就必須「從輕發落」嗎？我不敢苟同。法庭的判刑比重須與犯案情節嚴重性相對稱，而「被告人很年輕」並不是量刑的重點決定因素。2014年黃之鋒衝入公民廣場案的判詞便清楚指出，這類案件的判刑考慮因素中，被告人年輕或個人背景只是有限或微不足道的。

再者，本港有《罪犯自新條例》（第二九七章）為罪犯提供「洗底」機會，懲教署亦有特別為年輕在囚人士而設的「更生先鋒計劃」。年輕人未來的路仍很長，怎樣走下去視乎他們有沒有悔過、走向正途的心。反之，若因為年輕便獲輕判，可能會讓大家產生僥倖心態，負面影響更大。

還有最重要的一點，也是普通法的重要原則，就是上級法庭（上訴庭）的裁決及量刑，對下級法庭（原訟庭、區域法院、裁判署等）有約束力，下級法庭必須跟隨。這是現行法律機制，素來行之有效。即是說，日後法庭審理同類案件時，便有量刑標準可依，減低案件同類但刑罰落差太大的機會。同時也讓市民特別是年輕人有所警惕，犯法是必須負刑責的，不要心存僥倖，更不要參與暴動等違法活動。

2021年3月27日《東方日報》〈棟情棟理〉

一切，歷歷在目

一切，歷歷在目。

2019 年 7 月 1 日，大批暴徒闖入立法會大樓，把莊嚴的議事廳破壞得體無完膚。香港進入動亂時期，黑暴份子公開宣讀建國宣言、創作港獨歌曲、高舉港獨旗幟；更踐踏污損國徽區徽、國旗區旗，大肆破壞公共設施，對政見不同者飽施老拳。市民每天看到「私了」、「裝修」的報導，惶惶不可終日。凡此種種，將香港法治推向崩潰邊緣。

幸而中央政府下定決心，決意止暴制亂，全國人大常委會為香港立下《港區國安法》。香港警察雷厲風行地執法，將涉嫌人士逮捕歸案，社會恢復秩序及安全；律政司迅速起訴，大批案件移交法庭審理。

中央政府的第二步是完善香港選舉制度，把香港多年來的制度缺失糾正過來。今回，特區政府發揮高效率，在短短兩個月內，根據全國人大常委會修訂的《基本法》〈附件一〉及〈附件二〉，迅速地草擬好近六百頁、涉及多條本地法例的《2021 年完善選舉制度（綜合修訂）條例草案》。而立法會在反對派出缺下，順利展開立法程序，建制派議員盡忠職守，認真審議及提問，特區政府也提交了三百多項修正案。經過兩個月的努力，立法會於 2021 年 5 月 27 日表決《草案》，四十票贊成、兩票反對，《草案》獲得通過。而投下反對票的兩名議員，就是當初在泛民陣營中沒有辭職的兩位。

當日泛民議員以總辭作抗議，造就立法會有和平理性的空間，沒有為反而反的激烈抗爭，立法會能暢順有效率地審議《草案》，泛民總辭曲線幫助了特區政府。他們今日回首，會否覺得南柯夢醒，原來自己棋差數着？

如今，完善選舉制度的立法工作經已完成，香港開啟了新的政治環境。未來，社會應着眼在新的選舉制度下舉行的三場重要選舉 —— 選舉委員會、立法會及行政長官選舉，期望在社會各界人士的共同努力下，政壇會有新氣象，香港能在「一國」之下，繼續發揮「兩制」的優勢。

2021 年 5 月 31 日《am730》〈黎 SIR 事務處〉

鄭松泰遭DQ，跌眼鏡嗎？

由政務司司長李家超做主席的資格審查委員會公佈了選舉委員會委員資格審查結果，在一千四百九十八位選委參選人中，有兩人不合資格，其中一位是「熱血公民」立法會議員鄭松泰，即是說，鄭松泰被DQ了，他同時失去了立法會議席，五年內亦不可參選。記者會上，李家超並沒單獨指出DQ鄭松泰的原因，但是說明了資審會是依據法律，考慮一系列因素，從而作出決定。

在這之前，傳媒多番流傳，說有建制派認為鄭松泰是可以入閘的，因為當初鄭松泰沒參加總辭而接受延任立法會議員時，內地官媒曾經發文點讚；而在這延任的大半年，鄭松泰在立法會沒有激進表現，無拉布，無點人數。更有人搬出港澳辦主任夏寶龍「不搞清一色」的金句，認為鄭松泰作為立法會裏兩位留任的非建制派議員之一，猜測他能安全入閘。

結果讓有這些想法的人大跌眼鏡。事實上，自從全國人大常委會的決定完善了香港選舉制度，修訂了《基本法》〈附件一〉及〈附件二〉後，立法會繼而修改了相關本地法例配合，今後香港的管治者必須符合「愛國者治港」這大原則，而候選人是否符合愛國者標準，法例上有「正面清單」及「負面清單」的嚴格界定。

在審查的過程中，資審會有發信給鄭松泰，要求他提供資料，即鄭松泰是可以就着資審會的提問，作出謹慎回覆及解釋。而資審會收到鄭松泰的回覆後，結合其他資料，根據法律的規定，向國安委尋求意見。國安委回覆資審會，認為鄭松泰不符合擁護《基本法》、效忠香港特別行政區的法律規定。資審會作出決定，取消其資格，並向他發出書面通知。整個過程依法辦事，符合程序公義，沒有紕漏。鄭松泰也向記者表示，由於資審會是根據國安委的意見而作出決定，在法律上不能覆核，他只可接受。

李家超那句「一啲嘗試假扮擁護《基本法》或者假扮效忠特區嘅人，我唔會俾佢嘅花言巧語嘗試同自己漂白，因為騙徒往往最叻就係扮演不同角色」，我十分認同。我亦認為不能像傳媒流傳的那樣，只看鄭松泰近期表現「好像幾乖」便讓他入閘，而是要認真審視他及其所屬政黨／組織的長時期言行，一旦把他以前的所作所為逐一審視，包括著作、線上線下的言行、與及 2016 年倒插國旗事件，結論便很清楚了，他怎會達到愛國者的標準呢？

有意見認為這個結果將進一步打擊泛民主派的參選意欲，我認為這是偽命題。真正的核心是，在「一國兩制」下，在完善選舉制度後，今後所有參加特區管治架構的人士，都必須是愛國者，這是不可逾越的紅線。

2021 年 8 月 30 日《am730》〈黎 SIR 事務處〉

愛國者治港的準則愈來愈清晰

隨着選委會界別分組選舉開展，政壇又動起來。連日來，當然委員及自動當選的委員都有會見傳媒，需要進行選舉的界別候選人亦馬不停蹄地與界別選民會面，爭取支持。我是全國政協當然選委，這幾天我便走訪了全港各區多個街站，向市民講解選委會的重要性。在完善後的選舉制度下，選委會負責提名及選出部分立法會議員，亦要提名及選出行政長官，責任重大，也是實踐愛國者治港的第一步。

選委會界別分組選舉將於 2021 年 9 月 19 日舉行，下一場重要選舉將會是 12 月的立法會換屆選舉，社會關注泛民主派特別是民主黨會不會參選，若參選又會不會遭 DQ，畢竟前立法會議員鄭松泰在登記成為當然選委時，過不了資格審查委員會確認那一關而被 DQ 了。

港澳辦主任夏寶龍曾強調愛國者治港，絕不是要搞清一色；行政長官林鄭月娥表示，一個政黨或政治組織，議政、論政及參政是其存在價值，若有政治組織說從今以後不再參與香港的選舉，即不再進入政治體制論政，便有點奇怪。而全國僑聯副主席盧文端更認為民主黨應盡快適應新的選舉制度，回到溫和務實的道路，認為這樣民主黨才有出路。他更誇下海口，說若民主派符合選委會要求，自己樂意提名。

可是民主黨怎樣想？表面上看來，民主黨就是不知道自己怎樣想！雖然黨主席羅健熙屢放狠話，但是連黨內區議員宣不宣誓也給不了指示，說是交由區議員根據個人情況自行決定，即是 DQ 風險也推給大家自行承擔。至於民主黨是否參加立法會選舉，還要推到 9 月尾的會員大會來決定……

說到 9 月 10 日舉行的第一輪區議員宣誓，二十四名參加宣誓的港島區議員中，有七名和泛民主派「35+」初選有關的，接獲當局信件要求提供資料，這七人最終能否過關，現在還不知道。值得留意的是，行政長官授權的監誓人民政事務局長徐英偉，同時也是資格審查委員會的成員，相信可反映審查的統一標準，與之前由不同的選舉主任執行工作大相徑庭。而隨着區議員的宣誓陸續進行，DQ 名單陸續出爐，愛國者治港的執行準則也將愈來愈清晰，屆時泛民主派對於自己參選立法會的 DQ 風險，大抵會有較準確的估算。

2021 年 9 月 13 日《am730》〈黎 SIR 事務處〉

選舉事務處欠一個交待

香港特別行政區在完善選舉制度後舉行的首場選舉，選舉委員會界別分組選舉投票在 2021 年 9 月 19 日進行，警方根據情報設置六千警力佈防，結果投票日安全有序地完成了，並且取得近九成的投票率。當中有三個界組投票率百分百，投票率最低的教育界也有七成八。單看數據，好像完成了國務院副總理韓正在投票日前在深圳會見行政長官的叮囑 —— 特區政府要依法組織好接下來的三場重大選舉 —— 的第一場。

是這樣嗎？才不是呢。投票程序是順利完成，誰想到亂子會出在之後的點票工作上。講到搞選舉，選管會及選舉事務處理應「經驗豐富」，而這次選舉的設置相當簡單，全港只設置五個投票站，總選票只有四千三百八十張，比一個區議會選區的選民人數還要少，與以往選舉不同的，是今次終於設立關愛隊、採用電子核對投票人系統和光學閱讀機點票等。

這樣也能甩轆？正是。很多傳媒已報導，當日投票在黃昏六時完成，本來預計午夜可以公佈結果。怎料從荃灣票站運個票箱到會展中央點票中心竟花掉五個小時，當中涉及有職員漏帶文件，難怪有人戲謔，五個小時都能來回飛抵上海了，這些不是人為失誤又算甚麼？

候選人和記者在點票中心呆坐苦等，捱餓通宵，關注這次選舉的人們則在電視機前默默守候。有候選人等到凌晨四時許因為早上九時還要上班，無奈離開；也有人堅毅守候十多小時至早上七時許才回家。很多候選人因此未能親耳聽到大會宣佈自己當選的一刻，未能站在台上見證，實在遺憾。

根據他們親眼所見，原來大會在開始用點票機器點票前，首先進行了多重人手分票。有候選人這樣吐槽：「整個點票過程非常『人肉』，牽涉大量人手，先攞一張票分類，然後經過六個人每人再檢查每張選票，再入袋，唔知攞去邊度之後再拆袋；大家非常『一絲不苟』，點完又點，看完又看，包完又拆，再拆再包，送來送去。」然後，到凌晨四時，終於開始點票機點票了，掃瞄器卻卡紙，電子系統故障，候選人說：「那一刻我們簡直崩潰了⋯⋯」

發生這連串問題，反映選管會在監督上和選舉事務處在策劃、培訓、演練和執行等環節都經不起考驗，甚至可能沒有做好事前演練，沒有仔細做好可能發生狀況時的預案，更可能沒有後備計劃，要請示⋯⋯其實，選舉是頭等大事，仔細的事前演練是必須的，每個步驟都要反覆推敲，要有替代方案。

雖然選管會主席馮驊不吝嗇道歉，行政長官也認為點票「真的有問題，有相當嚴重的問題」，但是道歉無補於事。選管會及選舉事務處必須仔細檢討過失，理順程序，向公眾公開交待。12 月的立法會換屆選舉及 2022 年 3 月的行政長官選舉「眨下眼就到」，亡羊補牢，市民期望點算四千票要花掉一整晚只此一回，接下來毋須再苦候選舉結果。

2021 年 9 月 24 日《悅傳媒》〈棟悉港情〉

民主派參選的抉擇

隨着時間推移，選委會界別分組選舉後，下一場便是2021年12月的立法會換屆選舉。諸位當選成為立法會議員前，要在選委會取得足夠提名、要通過資審會審核確認為愛國者，最後才是在投票中勝出。單是頭兩關，便讓民主派陷入兩難，參選？不參選？

民主黨內部很大分歧，元老李華明一方面聲稱自己絕對不會參選，但又認為民主黨應該參選，否則應該解散，他亦會退黨。其言論惹來「乳鴿」多番揶揄，甚至請他「安心養老」，毫不尊重。主席羅健熙則明言民主黨即使不參選也不會解散，又認為即使沒有議席仍可繼續有影響力。民主黨在9月26日舉行的會員大會討論結果更出人意表，竟然出現第三個選擇，對是否參選不置可否，若有黨員正式提出要參選，會再召開特別會員大會決定。

已有三十五年歷史的民協面對相同問題。據報導，參選棄選都有批評，執委會（9月25日）拿不定主意，於是定於10月14日召開特別會員大會，交由會員表決。

若民主派自動棄權，等於放棄議席，今後在政壇的影響力勢將進一步減弱，不論就政策或是市民求助，均難以和特區政府討價還價，屆時恐怕連門也敲不響。

那麼，若民主派積極參選，路途就會暢通嗎？當然不是。首先，參選等於認同新選舉制度、為特區政府抬轎，他們難以向支持者交待。

第二，他們能否在選委會取得足夠提名？需知道在區議會兩場宣誓中，均有泛民議員遭DQ，都與泛民「35+」初選有關，包括參選人、借出議辦作初選票站的議員等等。換句話説，紅線清晰，這些人已確認不符合宣誓要求、不是愛國者，即使他們參選立法會，相信也難以取得選委提名，當然也過不了資審會那一關，即使硬闖，只怕徒勞。

第三，若由通過了區議會宣誓的泛民區議員出選呢？那他們要做好準備，面對其他候選人及選民的質疑 —— 你所屬政黨有那麼多人被DQ，那你的立場是甚麼？如何證明你是愛國者？如何證明你是誠心擁護《基本法》及效忠香港特別行政區？ —— 他們的支持者，特別是激進支持者，會認同他們的説法嗎？會投票支持他們嗎？

説到底，一個政黨的成立目的，無非是要在政治架構內發揮影響力，影響政府施政。因此，參選是手段，勝選才是目標，是重要的里程碑，放棄參選幾乎等於放棄參政，棄選政黨的功能會漸歸於零。

2021年9月27日《am730》〈黎SIR事務處〉

立法會埋單計數

眨眨眼，第六屆立法會曲終人散，是時候埋單計數，做個總結。屈指一算，今屆立法會真是「頂呱呱」，稱得上是歷屆立法會之「最」。

一、會期最長 ——《基本法》第六十九條規定立法會每屆任期四年，而《立法會條例》第四條亦規定「香港特別行政區立法會除第一屆任期為兩年外，每屆任期四年」。原本第六屆立法會任期在去年即 2020 年完結，換屆選舉原訂於 2020 年 9 月 6 日舉行，可是當時疫情嚴峻，為了抗疫，特區政府決定把換屆選舉推遲一年。全國人大常委會則於 2020 年 8 月 11 日「決定」今屆立法會續任不少於一年，直到新一屆立法會誕生；於是第六屆立法會的任期共五年多，比以往歷屆都長。

二、最多議員喪失議席 —— 今屆雖然任期延長了，但是很多議員都喪失了議席，沒能完成任期。2016 年議員宣誓就任時發生了宣誓風波，六名反對派議員的宣誓合法性受到質疑，掀開 DQ 序幕。2016 年 11 月 7 日，全國人大常委會通過《基本法》第一〇四條釋法，當中有兩名議員立即喪失議席，餘下四名議員也在 2017 年經法庭裁決後喪失議席。

而在補選後，法庭宣佈有三人並非妥為當選，也喪失了議席。2020 年 11 月 11 日，全國人大常委會就香港立法會議員的資格做了「決定」，特區政府隨即宣佈取消四名反對派議員的資格。今屆立法會前後共十三位議員喪失議席。

三、最多議員辭職 —— 今屆不單 DQ 議員多，辭職的議員也最多。全國人大常委會「決定」全體立法會議員延任後，反對派議員對是否接受延任有分歧，先有兩位議員反對延任而辭職，餘下的反對派議員擾攘了很久，又辦了民調又搬過龍門，最終有十五名議員總辭，只有兩名非建制議員留任。後來再有一名建制議員辭職加入政府出任副局長。今屆共有十八名議員先後辭職，破了歷屆紀錄。

四、空櫈最多 —— 在那麼多議員遭 DQ、喪失議席及辭職後，立法會七十個議席中，現在只有四十二位議員仍然在席，議事廳內空櫈甚多。

五、衝突最多最亂 —— 今屆立法會產生於 2014 年違法「佔中」之後，政局動盪之時，由 2016 年的宣誓風波開展任期，並且處於 2019 年反修例黑暴的風口浪尖。這段期間，反對派議員動輒拉布、點人數，導致經常流會。議員經常衝向主席台，擾亂秩序，議事廳內亂象橫生，經常發生衝突或肢體碰撞，更有引致保安人員受傷，會議經常因為議員搗亂而暫停。最離譜一次是有反對派議員在議事廳內投擲腐爛植物，惡臭難頂，叫人「難以忘懷」。

六、破壞最徹底 —— 2019 年 7 月 1 日晚上，數十名黑暴示威者攻入立法會大樓內，大肆搗亂、破壞大樓內的設施，除了議事廳，暴徒亦沒放過餐廳、後勤人員的辦公室等等。當時傳出來的畫面及相片只能用滿目瘡痍來形容，破壞程度史無前例，期後立法會停擺三個月來復修大樓，很多議案因而延誤審理，對民生影響甚大。

算一算，第六屆立法會還真是多災多難，叫人不堪回首。猶幸在修改議事規則、完善選舉制度後，下一屆立法會將選出九十位愛國愛港人士擔任議員，但願這九十位議員盡責履職，讓立法會一洗歪風，回復理性高質的議會面貌。

2021年10月25日《am730》〈黎SIR事務處〉

立法會選舉提名期的「彩蛋」

社會上一些人和西方媒體對完善選舉制度下的新一屆立法會選舉抱有各種懷疑、猜測，例如民主黨及民協陣前棄選後，民主派會否缺席整場選舉？建制派真的能獨攬天下？甚至變成等額選舉，候選人躺平，等着自動當選？而要取得選委會五個界別至少十個提名，難度有多高？

眾說紛紜下，提名期在 2021 年 10 月 30 日揭開序幕，怎料戰幔甫揭開，便出現一些意想不到的「彩蛋」，值得討論一下。

首先是前公文黨區議員譚香文，她在提名期第一天便搶先報名，頗有先聲奪人之勢，而且她能在提名期開始前已取得五大界別共十個提名，「神速」讓人好奇。同在首日搶閘的還有非建制離島區議員方龍飛，這位知名度不高的參選人卻有知名度極高的聖公會教省秘書長管浩鳴提名，而且有報導指這提名是由 cold call 取得，妙哉！

換句話說，民主派不單沒缺席，而且能夠 cold call 奪提名，今屆的提名也不是那麼難取得嘛～

除了泛民人士首日搶閘，還有城中名人商賈陸續登場，包括早於 2008 年已入中國籍的蘭桂坊集團主席盛智文、團結香港基金副總幹士黃元山、交銀國際董事長譚岳衡等等，他們自然不用靠 cold call 取提名，而且他們的提名人都是「門當戶對」、甚具分量的知名人士，例如港交所前行政總裁李小加、全國政協委員唐英年等等，代表哪個階層的聲音，不言可喻。

另一類參選人是學者、專家，例如嶺大歷史系教授劉智鵬，劉教授因為早前出任唐英傑案的控方專家證人而聲名大噪，另一位已報名的是《基本法》研究院首席專家李浩然博士。老實說，在以往立法會選舉側重地區直選的情況下，較難吸引這些專家學者出選，但是完善選舉制度無形中拉闊了他們的參選空間，若當選的話，相信有助提高立法會的整體水平。

此外，當然還有各政黨政團，想不到提名期剛開始，參選人的質與量已那麼多彩多姿，相信未來會有更多不同界別、不同階層的人士報名，恰恰引證新的選舉制度能廣納賢才，有廣泛代表性。

這次立法會選舉也將突破過往只是建制與泛民的意識形態對決，反之，當政治「顏色」雷同，候選人的專業知識、視野、議政水平顯得更加重要，相信競爭會相當激烈，候選人難以躺平。

2021 年 11 月 4 日《悅傳媒》〈棟悉港情〉

投票率與非建制

完善選舉制度下的首場立法會選舉，經已在 2021 年 10 月 19 日順利、和平有序地進行。選委會界別、地區直選及功能組別三大板塊的候任議員亦已分別會見傳媒，媒體的關注點，主要在「投票率低等於失敗」及「建制大勝等於清一色」兩個議題上。在我看來，這兩點的立論都有偏差。

回看數據，2016 年立法會選舉有二百二十萬二千二百八十三人投票，投票率是 58.28%；2019 年區議會選舉有二百九十四萬三千八百四十二人投票，投票率是 71.23%，是歷史新高。至於 2021 年的立法會選舉，則有一百三十五萬零六百八十人投票，投票率是 30.20%。有傳媒指投票率創新低，代表完善選舉制度失敗。然而，我們不能只以投票率的高低來評斷選舉制度的成敗。畢竟，每場選舉都在不同的社會環境下進行，社會氣氛是否和諧、有沒有尖鋭或衝擊性的議題來「炒起」選舉氣氛、候選人的知名度、特區政府有沒有做好宣傳等等，都會對投票率有影響。今年的投票日還有免費乘車這個「重大着數」，説沒影響是騙人的。

值得留意的是，今次選舉，建制派候選人的得票並沒因為選舉制度的改變而減少，例如民建聯主席李慧琼得九萬五千九百七十六票，新民黨主席葉劉淑儀得六萬五千六百九十四票，其他新丁候選人的得票也不低，反映只要參加選舉，又能動員支持者投票，便會獲得相應成果。相反，泛民大黨不派人參選，又不支持同陣營的候選人，形同棄權，非建制候選人的得票自然低。

至於建制大勝等於「清一色」、誰是非建制，甚麼 1：89 等等，更是無謂的標籤，在選舉結果塵埃落定後，這些分類都屬過去式，應該抹掉。需知道在完善選舉制度下，反中亂港者不會被接納，而能通過資格審查委員會的審核而成為候選人的，都可接納為愛國者。在實踐「愛國者治港」這個共同目標下，當選的議員也不應再有建制、非建制之分。

那麼，這就是「清一色」、「一言堂」嗎？當然不是。需知道現在三大板塊、九十位立法會議員代表的光譜非常闊，當中包括人大政協、政黨代表、商界高管，以至不同行業的代表、專業人士、專家、學者等等，同時亦有勞工代表，這些人士對社會問題、政府政策有不同的看法，非常合理。只要大家都堅信篤行「一國兩制」，擁護《基本法》，支持《港區國安法》，合憲合法地提出政策倡議，真心誠意地為港人謀福祉，在不同的議題上求同存異，謀求合作，便是「五光十色」的最高境界。

2021 年 12 月 23 日《悅傳媒》〈棟悉港情〉

競選台上一分鐘

執筆時，距離 2021 年 12 月 19 日的立法會選舉恰恰過了十天，距離 2022 年 1 月 3 日宣誓就任立法會議員還有三天；猶記得我是在提名期最後一天即 2021 年 11 月 12 日報名參選立法會選舉委員會界別的，回想起來，這三十七天的競選過程，可真是緊湊而精彩！

在選舉期開始前，坊間對完善選舉制度下，立法會選舉三大板塊的選情有不同的預測。很多人認為地區直選會是最激烈的，因為每個選區至少有三位候選人，個別選區甚至有五位候選人，面對的選民人數也最多，候選人要走遍自己的選區也挺辛苦的。功能組別因為每個界別的候選人及選民相對不多，一般預測候選人會相對輕鬆。至於我身處的選舉委員會界別，評論初時一致認為是最輕鬆的，甚至是躺平也可當選的。

事實剛剛相反，選舉委員會界別的競選過程是非常激烈又相當具挑戰性的！

首先，不比地區直選同區只有一兩名競爭者，選舉委員會界別有四十個議席，但是有五十一位候選人，即每位候選人是在和另外五十位競爭者拼高下。眾所周知，候選人當中不乏社會賢達、商界精英、專家學者、青年才俊，也有議會經驗豐富的現任立法會議員，要一枝獨秀，並不容易。

第二，也不比地區直選候選人，他們勤力落區、企街站，在街上定能接觸到市民、選民。選舉委員會界別共有一千四百四十八名選民（選委），人數雖然比地區直選的選民少得多，但是卻難以直接接觸。雖然選舉事務處為每名候選人提供了選委的聯絡方法，但是大多數只是電郵，有些是地址，甚至只是辦公室電話。我們要絞盡腦汁、極盡迂迴，才能接觸到個別選委，約晤他們，向他們解釋政綱，尋求支持。

幸而，隨着選舉過了熱身期，我們陸續收到選舉委員會界別裏五大界別不同團體的交流會、見面會、分享會的邀請，邀請我們向他們團體內的選委闡述政綱，選舉進程變得白熱化。

第三，不比地區直選候選人主要參加傳媒主辦的選舉論壇，選委會界別的候選人共參加六十多場團體見面會，高峰時刻一天跑五場也未為多，檔期排得比明星登台還要密。而且每個團體的背景及訴求都不同，見面會的環節安排及提問取向也有異，候選人不能一套說詞走天涯，反而要就各個範疇的問題、政策，做足功課，提出高階解答，否則很容易被比下去。

例如「香港再出發大聯盟」在 2021 年 12 月 17 日舉辦

的「羣英會」，便稱得上是候選人的壓軸拉票場，因為主辦單位廣邀所有選委雲集一堂，而且還有全港直播，讓五十一位候選人同時面向全港市民。台上，每位候選人有一分鐘發言時間，要精準運用這六十秒，出彩地突出自己的優勢，說服選委向自己投下神聖一票，難度其實十分之高！發言過長，大會熄咪，候選人當場口啞；發言過短，會顯得內容空洞，誠意不足，給選委留下壞印象。

所謂台上一分鐘，台下十年功；是高光時刻還是尷尬離場，盡在這六十秒。而對我個人而言，這六十秒就是三十七天競選過程的美麗總結，同時是未來四年議員生涯的精彩開始。

2021 年 12 月 30 日《悅傳媒》〈棟悉港情〉

第四章

抗疫壓倒一切

全面封關狂想曲

肺炎疫情嚴峻，弄得人心惶惶，過年期間內地確診個案大幅上升，人人自危，搶口罩變了頭號大事。雖然武漢市已做了封城措施，但由於春運期間已經有大量當地人離開了武漢，分散各地，疫症隨之在不同省市出現。同時期，亦有大量香港居民返回內地度歲、探親，這批香港居民也會在這幾天陸續回港，他們同樣有受感染和把病毒帶回來的風險。

社會上有強烈聲音要求特區政府全面封關，有醫護大力响應，並威脅若不封關便會罷工。執筆之時，「醫管局員工陣線」投票通過罷工，可算是香港社會極大悲哀。

試想想，如果「真・封關」，即是全面關閉包括機場在內的所有出入境口岸，人及貨的進出均會停止，會有甚麼影響？人方面，目前身處境外的香港居民或其他國籍人士均不能入境，持探親簽注來港照顧子女的港人配偶也不得其門而入。貨方面，我們的糧食及生活日用品都得不到補充。屆時我們便自困愁城了。

不過，口口聲聲要求全面封關的人，又稱聲他們的要求只是全面禁止內地人來港，而不是不准港人出入，那麼持外國護照的人又准不准進出呢？說到底，其實只是針對所有內地人封關，對嗎？

目前，內地人來香港，要根據內地法律，得到相關部門的批准，持有效通行證才能來的。從內地法律層面來說，他們的離境是符合法律的。那麼，他們依法離開內地，卻在香港口岸不問情由、不理身體是否健康，一律不准入境，便會出現內地旅客在香港口岸滯留的情況。香港口岸要處理他們的個案，要將他們留置在入境大堂，辦好手續後，再把他們送回內地口岸去。我們的口岸有沒有足夠空間容納及處理這些工作？

換句話說，若特區政府決定要禁止內地人入境，必須要跟內地相關部門取得一致意見，符合雙方法律，才做得到。而目前特區政府禁止來自疫區湖北的人士入境，是折衷做法。特區政府也應日日檢視，針對性地禁止疫區的人士來港。袁國勇教授建議特區政府採取果斷措施，大力壓縮出入境人流。他的建議和新民黨早前建議關閉人流最大的羅湖和落馬洲支線口岸類似，我大力支持。

我認為，特區政府不應排除各種可行的抗疫措施，要因應疫情發展，以醫學專家的意見為依歸，以科學數據為根據，做好前瞻、果斷、合理決定。新年伊始，祈願疫情盡快過去，香港大步檻過。

2020 年 2 月 3 日《am730》〈黎 SIR 事務處〉

罷工醫護良心何在？

肺炎疫情幾乎全球傳播的時候，「醫管局員工陣線」這個在反修例抗爭期間成立的工會，以投票的方式通過罷工，號召了數千位不同職系的醫護人員罷工五天，要求特區政府「全面封關」。立竿見影的效果是整個醫療體系的各種服務均受到不同程度的影響，抗疫工作壓力更大。據媒體報導，一些病房有過半護士罷工，急症室的人手更加單薄不堪。最叫人心痛是影響了新生嬰兒深切治療部的運作，稚子無辜，初生嬰兒更無罪，罷工醫護，你們的良心何在？難道罷工比拯救生命更重要？

從電視報導見到有父親帶着孩子到急症室求診，苦等了很長時間也見不到醫生，父子最後無奈離開另想辦法。孩子得不到應有治療，還無法取回已支付的一百元診金，何其荒謬！

罷工醫護要求的所謂「全面封關」沒有得到，需要醫療服務的病人卻得不到照料。工會於 2020 年 2 月 7 日第二次投票是否繼續罷工，結果反對票數多過贊成票數，工會宣佈停止罷工。見到這個結果只能苦笑，醫護罷工連爭取核心會員的支持也做不到，是失敗之作，是民心的勝利。

我希望罷工醫護明白幾點。首先，香港回歸二十三年，中港兩地的聯繫已經密不可分，要「全面封關」截斷兩地人流，是不可能的；而且每天往來兩地的，其實大部分是香港人。

第二，請你們重拾當日投身醫護行業的初心。病人因為你們罷工而得不到適切治療，隨時危及生命，當然也加重了盡忠職守同事們的擔子。你們的行為，讓一直相信香港醫護人員專業無私的廣大市民，極度失望。

如今，罷工雖然停止了，但工會頭頭顯然沒有悔意，聲稱訴求沒有變，會用其他方式爭取云云。有人更妄言罷工醫護沒有離開崗位，而是用罷工的手法醫人。如此語言偽術，市民會相信嗎？

事實上，社會上已有愈來愈大的聲音，指出這次罷工屬違法，不受法律保障。我相信很快會有人入稟法庭，阻止醫護再次罷工。疫情嚴峻，香港需要上下一心，同心抗疫。廣大市民不想見到醫護再次罷工，你們要捫心自問，自己的良心何在？

註：「醫管局員工陣線」於 2022 年 6 月 30 日解散。

2020 年 2 月 10 日《am730》〈黎 SIR 事務處〉

快速測試是防疫重要一環

肺炎疫情突襲，為全世界帶來前所未有的挑戰。執筆時，香港共有九十四宗確診個案，和其他地方相比，香港在這場抗疫戰中所付出的努力和獲得的成績，值得港人驕傲。

首先，在疫情來勢洶洶，大家都擔心疫情會失控，醫療體系將崩潰的時候，絕大部分前線醫護人員堅守崗位，沒有參加罷工，而且在防護物資供應緊張的情況下，仍然盡心盡力照顧病人，並且做到醫護零感染，醫護的付出，叫人尊敬。

香港的疫情由最初的輸入個案，轉為本地人傳人感染，幾個主要感染羣包括「打邊爐家族」、北角福慧精舍佛堂及鑽石公主號港人。值得留意的是，若和新加坡、日本、韓國、意大利或伊朗的疫情爆發相比，香港雖然有社區感染個案，但是沒有社區大爆發，反映香港採取的「圍堵策略」（盡早發現、及早隔離及適當診治），發揮效用，能盡量切斷病毒傳播鏈，達到控制疫情的目標。

鑽石公主號稱得上是感染重災區，由於日本政府禁止郵輪上所有人離船，要求他們在郵輪上隔離檢疫，可是船上的條件及檢疫措施似乎有相當大的漏洞，再加上長時間逗留船上，結果引致大量在船上的人交叉感染。有港人在離船前做過檢測屬陰性，返港後卻陸續確診，反映香港的檢測工作比日本嚴謹。

另一艘郵輪世界夢號於 2020 年 2 月折返停泊在香港啟德郵輪碼頭，和日本的處理相反，衞生防護中心的同事在極短的時間內，高速完成船上一千八百多名船員的快速測試，確定所有樣本呈陰性反應後，全部人可以離船登岸，情況比鑽石公主號理想得多。

從兩大郵輪檢疫工作的大不同，可以看出快速有效的檢測，對於控制疫情相當重要，而香港使用的測試劑及速度非常有效率，值得一讚。

誠然，以目前的疫情發展看來，要完全控制疫情，我們仍有一段路要走，但是只要我們維持高效檢疫，市民醫護互相配合，定能戰勝疫情。

2020 年 3 月 2 日《am730》〈黎 SIR 事務處〉

兒童口罩防疫戰

新冠肺炎疫情來襲以來，香港的抗疫步伐歷經多個階段，社會焦點隨疫情推展而轉移，最近漸漸討論如何回復正常工作及生活，教育界焦點也由何時復課、網上教學，轉移到怎樣復課。

早前，教育局公佈了復課日期將不早於 2020 年 4 月 20 日，若 DSE 在 3 月 27 日順利「安全」開考，中小學便有望分階段復課。中學生有自理能力，懂得判斷情況及保護自己，只要學校做好衛生防疫工作，調節課節安排，勤加監督及指導，中學大可首先復課。

相對地，小學生自理能力較低，全日留校，一起午膳一起玩遊戲，交叉感染風險較高，幼稚園幼兒更甚。於是，最基本的防疫用品——兒童口罩成為復課關鍵。

之前由於長期停課，小朋友不用上學不用外出，對兒童口罩的需求不明顯，市民主要搶購成人口罩。踏入 2020 年 3 月，隨着復課期近，大家醒覺原來兒童口罩的供應同樣不足，抬價情況嚴重，有藥房加價至三百多元一盒、一百元四個等等，一點也不便宜。

新民黨一直認為特區政府應該主導口罩供應，防止抬價行為。可惜特區政府不肯做，任由市民通宵排隊瘋購貴口罩，至今仍為人詬病。而且特區政府沒有從中反省，依然沒有為全港學校提供兒童口罩的意思。

其實根據「學校數量 × 學生人數 × 每天用量」來計算，兒童口罩的每天需求量有數得計。特區政府大可透過「本地口罩生產資助計劃」，要求申請的生產商必須設立兒童口罩生產線，便可穩定供應，小學復課有期。

可是特區政府連這麼簡單的事情也做不到，既不供應兒童口罩，也不主動為學校統籌抗疫物資，教育局只是着學校「善用防疫津貼」。有錢就能夠買到嗎？簡直是官僚作風冷漠僵化的好例子。

教育局不做，教育界要靠自己。早前便聽聞有小學學長四出聯絡口罩生產商，希望對方能生產兒童口罩，校長們為了同學四出奔走，努力值得嘉許。也有家長校友慈善團體捐口罩給學校，可是數量畢竟有限，未能止渴。

日前有報導指教育工作者聯會成功跟本地生產商達成協議，優先為學校生產兒童口罩，4 月中開始每日生產二十萬個兒童口罩，並以不高於市價售予學校。校長、業界如此費心，是真心為同學着想。相反，教育局的官僚作風，讓人汗顏。

2020 年 3 月 16 日《am730》〈黎 SIR 事務處〉

一起闖過疫情大關

新冠肺炎席捲全球，中國內地反而是第一個能夠控制疫情的國家。回想疫症爆發之初，很多國家揶揄取笑我們，以為自己可獨善其身，但現在都身陷疫境。最新確診數字顯示，美國是全球最多確診個案的國家，想當初美國是第一批從中國大陸撤僑的國家之一，也未能免於疫情大爆發。有評論指很多國家的政府對疫情掉以輕心，這批評可算非常中肯。

香港經歷兩個多月防疫大作戰，在市民高度戒備下，本來疫情已有緩和下來的曙光，但由於外國大流行，大量海外香港居民及留學生湧回香港避疫，使香港的確診數字急劇上升。2020 年 3 月 27 日更有六十多人確診，形勢兇險。

行政長官企圖推行禁酒令，禁止酒吧及賣酒場所賣酒，惹來全城批評。禁止賣酒就能防止人羣聚集？焦點錯得離譜。後來，行政長官在諮詢行政會議後，在 3 月 27 日宣佈不推行禁酒計劃，同時採納社會上的廣泛意見，禁止超過四人聚集。這做法似乎較切實可行，也算對症下藥。

再者，由於今次是根據《預防及控制疾病條例》（第五九九章）而新增的「規例」，是「先訂立，後審議」，即在立法會審議前便可馬上生效實施。需知道現在立法會大部分工作已經停頓，在泛民各種拉布下，連內務委員會主席也未選出。若在疫情如此嚴峻下仍要待立法會審議，要等到甚麼時候呢？

記者會上，有記者問行政長官擱置禁酒令是不是跪低。其實以目前情勢而言，若再用這種觀念看待事情，拘泥於跪低與否，我們無法認真有效地應對疫情。相對地，香港市民應該上下一心，眾志成城，大家願意作出某種形式的暫時犧牲，配合特區政府的措施，避免人羣聚集，才能一起闖過疫情大關。

2020年3月30日《am730》〈黎SIR事務處〉

第二輪「抗疫防疫基金」刻不容緩

香港的疫情仍然嚴峻，每天都有雙位數字的新增確診個案，當中仍有過半數是有外遊記錄的。而更令人擔憂的是本地傳播個案，蘭桂坊酒吧羣組、卡啦 OK 羣組陸續出現，也有住同一大廈同一樓層但互不認識的人士同時染疫，更有四十日大嬰兒因為被確診者抱過而受感染，各種本地傳播途徑令人憂心。

特區政府採取「邊度出事封邊度」的策略，針對「場地」而非「高風險行為」，未能做到「快病毒一步」，防範於未然。「限聚令」及食肆分枱指引有灰色地帶，下令關閉酒吧、卡啦 OK 及麻雀館的資訊混亂不堪，鬧出美容院「又關又唔關」的笑話，種種甩轆下，市民對特區政府的抗疫期望愈來愈低，實在可以理解。

各種禁令下，百業蕭條。連洲際酒店都借大裝修之名遣散全體員工，相信骨牌效應陸續有來。特區政府推出第二輪「抗疫防疫基金」已是刻不容緩，並且要「把手伸長一點」，盡量包攬各類直接或間接受影響的行業及僱員，幫助手停口停的打工仔捱過難關。

2020 年 4 月 2 日，新民黨主席葉劉淑儀便向時任政務司司長張建宗提出了十七項建議，包括要求業主減租、暫停強積金供款、補償酒吧等受影響行業、資助補習社及教育中心、支援旅遊業界、關顧基層「長散」僱員等等。

不過，要求特區政府推出援助措施的同時，市民也有極大責任保護自己、保護他人。市民要戴上口罩、盡量在家工作減少外出、正在隔離的人士千萬別出街走動、有病徵要求診；這段期間大家即使悶也要忍，別參加高風險聚會或活動，如今真是忍一時沉沉悶悶，退一步身體健康。否則，我們即使有更多資源、即使有更多醫療設備、即使有更多負氣壓病房，都難以遏制疫情，戰勝這場沒有硝煙的戰爭。

2020 年 4 月 6 日《am730》〈黎 SIR 事務處〉

口罩風雲再起

新冠肺炎疫情持續數月，終由高峰回落，有放緩之勢。特區政府在這時候宣佈全民派一個可以重用六十次的「銅芯抗疫」口罩，雖然姍姍來遲，相信大部分市民仍然感到欣慰，覺得特區政府終於「有做嘢」。

其實特區政府不是「冇做嘢」，只是處理手法、宣傳包裝總是差強人意，導致即使做了好事，觀感仍然不佳。再加上香港現在充斥反政府批評文化，凡事往死裏批，實屬不幸。

猶記得疫情爆發之初，口罩供應短缺，市民一罩難求，要通宵排隊撲口罩。當時特區政府卻仍然沿用傳統公開招標、價低者得的方式來採購口罩，遭批評官員做事僵化，指責不絕。現在，特區政府變通了，以直接採購方式委託廠商統籌生產口罩，卻因為一開始「漏招」沒有公佈廠商資料而惹質疑。雖然特區政府隨即開誠布公，公開廠商身份，強調過程符合《物料供應及採購規例》的採購規例和程序，卻已遭狠批沒有公開招標、官商勾結、利益輸送等等；甚至有聲音要求申訴專員公署及審計署進行調查。

網上申請同樣招罵，有人質疑申請口罩為甚麼要填報多項個人資料，質疑網上系統容易遭黑客入侵偷取資料，更質疑特區政府會挪用資料作其他用途。此外，口罩於越南而非香港生產、專利技術是否造假、能否有效殺菌消毒等等，統統遭質疑詬病，總之就是一點沙石也容不下，想怎樣罵就怎樣罵。

更悲催的是，法國總統馬克隆同期戴上法國製造的深藍色型爆口罩亮相，正所謂沒比較沒傷害，灰色間條銅芯口罩的款式剪裁相形見絀，還遭譏諷為底褲口罩，實在可悲。

在這些冷箭下，好事變了壞事，批評掩蓋了特區政府的努力和成果，十分可惜。長此下去，怕會磨蝕特區政府為市民謀福祉的初心，當官員只管避難避罵，受影響的仍是香港市民。那些為鬧而鬧的人，是怎樣想的？

2020 年 5 月 11 日《am730》〈黎 SIR 事務處〉

擊退第三波疫情 靠做大量測試

自年初爆發新冠肺炎以來，本來香港的防疫工作成績不俗。第一波來襲時，雖然有口罩短缺的問題，但整體防控尚可。第二波主要是境外港人及留學生回港，當時由於未能及時將回流人士隔離檢疫，出現羣組爆發，高峰期單日有六十多宗確診個案，也算觸目驚心。

後來，隨着疫情漸漸緩和，加上市民漸感抗疫疲勞，耐不住約飯相聚，酒樓酒吧又熱鬧起來之際，第三波疫情就以迅雷不及掩耳之勢殺到，確診數字每日創新高，最近已日過百宗，醫療體系受到極大壓力，十分嚴峻。

總結前段的經驗，抗疫還需「盡早發現，盡早隔離，盡早診治」這三步曲，而「盡早發現」的不二法門就是要大量做測試。其實專家已不斷警告，現在香港每天做七千五百宗測試極不足夠。雖然特區政府經常強調他們會盡力做更多測試，但是香港的實驗室加起來，即使每天二十四小時運作，能處理每天一萬宗測試，已經是極限。

相對地，內地擊退疫情快夾妥的最主要原因，就是大量地做測試，做排查。照目前各國的抗疫成績來說，內地做測試的成本相對便宜，而其測試能力、容量及速度則是全世界最高的。

那麼，當香港疫情每況愈下，醫療體系瀕臨爆煲之際，特區政府是不是應該向內地借鏡，及早向中央政府求助，由內地相關機構為香港做測試，加大每天檢測容量，真正做到「及早發現，及早隔離，及早診治」，以盡快擊退第三波疫情？

最近特區政府和兩家內地醫療機構簽了合約，在香港進行測試，本是好事。誰料竟有區議員走到其中一家公司的廠房示威，大鬧人家掛着中國國旗。這種政治凌駕抗疫的思想及行為，必須要譴責，因為他們政治掛帥，窒礙抗疫進程，影響公共健康。

2020 年 7 月 25 日《明報》〈三言堂〉

加大香港的檢測能力，利多於弊

新冠肺炎疫情在世界各地都有反彈，目前全球確診人數已逾一千八百萬人，各地政府再不敢掉以輕心。以澳洲維多利亞省為例，由於確診人數屢創新高，疫情沒受控跡象，省政府已宣佈由「緊急狀態」升級至「災難狀態」，每晚八時至翌日清晨五時實施宵禁，學校停課；每戶每天只容許一人外出購買必需品，人民不得離家超過五公里遠等等，違者可罰款一萬澳元（約五萬五千港元），刑罰可算相當重。澳洲教育部長指維多利亞省正處於非常艱難的時刻。

同樣處於艱難時刻的，還有香港。第三波疫情自 7 月初爆發至今，已整整一個月，單日確診個案動輒過百，醫療系統不勝負荷。特區政府亦加強了抗疫措施，包括戴口罩令、二人限聚令、食肆禁晚上堂食等等，連原定於 2020 年 9 月 6 日舉行的立法會選舉，都因為疫情關係而要推遲一年。值得留意的是，第三波確診個案中，很多屬不明感染，找不到感染源頭，反映特區政府採取的圍堵政策已經失效，若我們無法找出社區隱形傳播者，疫情難以受控。

在這時候，中央政府回應特區政府的求助，安排「內地核酸檢測支援隊」及「內地方艙醫院支援隊」兩支專家隊伍來港，協助抗疫。前者將協助籌建臨時實驗室，加大香港的檢測能力；後者將協助興建「港版火神山」臨時醫院。

在我看來，內地抗疫的成功關鍵之一，就是能做到大量檢測，大量排查，從中找到隱形傳播者，做到「及早發現，及早隔離，及早治療」。香港則受制於有限的檢測能力，排查滯後。中央政府於這節骨眼上提供協助，誠是利多於弊。

可是，仍然有本土派政治團體及區議員到醫管局總部抗議，反對有內地檢測人員來港、質疑內地專家的醫療水平、質疑內地試劑的準確性，更甚者指控特區政府將港人樣本及 DNA 送交大陸等等。我認為這些指控全屬無的放矢，更要反問這些逢中必反的人，甘以政治凌駕公眾健康，是否要置港人於死地？

2020 年 8 月 6 日《明報》〈三言堂〉

不認爲自己是隱形傳播者？

新冠肺炎肆虐香港七個多月，市民抗疫盡顯疲勞，無奈疫情時好時壞，當中又有很多源頭不明的個案，大家惟有繼續忍隱。新冠肺炎的特點，就是患者沒有病徵已具傳播力，這些隱形傳播者是撲滅疫情的最大隱患，也是為甚麼特區政府一直強調要「早發現、早隔離、早治療」。而要做到「早發現」，找出這些隱形傳播者，做大量檢測及排查是必須的。

第三波疫情爆發前，社會上很多意見指特區政府做的檢測太少，奈何政府化驗室的檢測能力已達上限，雖然有私營化驗室加入檢測行列，但是費用昂貴，並非人人負擔得來。直至中央政府派出「內地核酸檢測支援隊」來港，整體檢測能力得以大大提升。費了這麼大的勁，特區政府終於推出「普及社區檢測計劃」，讓市民自願參加新型冠狀病毒檢測。

全民檢測，「遲做好過唔做」，是遏止疫情的關鍵。在這骨節眼上，竟然有一直要求特區政府加辣抗疫的醫學專家，公開表示「不認為自己是隱形傳播者」，不會參加全民檢測！我對該專家的發言感到難以置信，身為具知名度的專家，難道他不知道自己發出的訊息有多負面嗎？若市民都「不認為自己是隱形傳播者」而放棄檢測，「普及社區檢測計劃」便難有成效，損失的仍是整個香港社會。

此外，和在市區設置隔離檢疫設施一樣，又有組織聯同區議員，以通風不佳、連接辦公室、接近民居、違反公契等理由，抗議在旺角麥花臣場館、九龍灣國際展貿中心商場等場地設置檢測中心；連同質疑檢測是把市民 DNA 送中等等，我認為這些指控無理無據，可幸特區政府已及時澄清反駁。

誠然，沒有計劃是完美的，「普及社區檢測計劃」是個龐大的計劃，當中細節或未盡善，但站在為人為己和公共健康的角度，市民應該支持。反對者有心阻撓，我建議他們盡快申請司法覆核，讓法庭定奪。

2020 年 8 月 31 日《am730》〈黎 SIR 事務處〉

我的採樣體驗

特區政府費了九牛二虎之力，兼得到中央政府協助，終於展開為期七天的「普及社區檢測計劃」。我在接受登記的第一天便以手機上網，輸入姓名、身份證號碼及電話號碼，成功預約檢測，快捷方便。

反對計劃的人質疑要求市民提供個人資料侵犯私隱，我認為計劃要求這三項資料是有必要及符合《個人資料（私隱）條例》的。道理很簡單，如果沒有姓名及身份證號碼，即使驗出你是確診者，又怎樣把你從茫茫人海中識別出來？身份證號碼是每個人的獨特記認，配合姓名的話基本上就能準確地識別到你。而如果沒有電話號碼，又怎樣把檢測結果通知你呢？事實上，檢測後四十八小時便收到檢測結果（陰性！）的通知短訊，效率不俗。

採樣是把市民的 DNA 送中？答案是否定的。特區政府及專家分別解釋過，樣本經過精密的科學鑒證，是抽取 RNA 作新冠肺炎病毒的化驗，不會抽取 DNA。

檢測當天，我於預約的時段到達指定採樣中心，看見地上劃上適當社交距離指示，市民排隊秩序井然；登記櫃位有膠板相隔，市民和工作人員都有戴口罩；還有酒精搓手液給大家使用。進入中心內，整個室內籃球場只設置八個檢測櫃位，大家相隔的距離非常遠，而且冷氣足通風好，採樣中心是播毒溫床的指控，不攻自破。來到指定檢測櫃位，採樣人員細心有禮，一眨眼便完成採樣，我沒感到任何不適。完成採樣，我看看四周，大家都帶着安心的眼神離開。

誠然，市民對這次計劃的反應比較慢熱，但在計劃順利展開，沒出甚麼亂子，累積了口碑後，市民慢慢有了信心，預約檢測的人數便多起來。執筆之時，已有逾一百萬市民登記預約，當中八十萬人完成採樣，找到六名隱形患者，這絕對是好事。畢竟，愈多人參加檢測，找出愈多隱形傳播者，計劃才愈有效。雖然特區政府已宣佈計劃延長四天，我認為仍不足夠，特區政府應該因應市民反應再延長計劃，而且要及時根據地區需求，增加熱門採樣中心的名額，同時關閉偏遠及人流低的中心，更具效益地運用資源，推動更多市民參加，以達到「想檢必檢」的效果。

2020 年 9 月 7 日《am730》〈黎 SIR 事務處〉

把檢測普及化

「普及社區檢測計劃」反應愈來愈好，不單順利完成了原定的七日，並且延期兩次至十四日，每日檢測量已達二十萬，有一百六十多萬人接受採樣，並已發現超過二十名隱形患者。這個成績令人鼓舞，反映雖然香港暫不具備做強制性全民檢測的條件，但自願性檢測同樣發揮良好作用，減低了新一輪社區爆發的風險。

不過，特區政府不能因為「普及檢測」有成果，便當功德圓滿。各方專家都預測冬季有可能爆發下一波疫情，我們更應及早做好應對準備。與其屆時才臨急重推「普及檢測」，不如好好運用目前的經驗，看看如何把檢測普及化。

澳門的抗疫工作一開始就走對了方向，就是做大量檢測排查，而且檢測費用相當便宜（一百八十澳元），市民負擔得來。澳門疫情很早便受控，曾經連續七十多天沒有新確診個案。現在，澳門居民通過檢測，得到陰性結果後，可憑澳門健康碼，連結內地健康碼，自由往來內地。

香港在這方面落後於人，特區政府雖聲稱下一步會推出港版健康碼，但是既欠時間表，更欠價目表。簡單來說，在香港私家醫院或私人化驗所做一次檢測，價錢動輒過千，普羅市民負擔不來，若要市民每次付出高昂費用才能取得健康證明，健康碼將形同虛設。

這正正是把檢測普及化的關鍵點，特區政府必須拿出魄力，首先是要像澳門政府那樣，把做檢測的收費定在一般市民都能負擔的低廉水平。第二，特區政府可為提供檢測服務的機構提供減價誘因，例如提供檢測場地、減輕其支出等等。

人手方面，這次「普及檢測」已培訓了一大批有採樣經驗的人員了，反而有沒有足夠的實驗室人員將成關鍵。需知道現在「做到手皮都甩」的工作人員來自國家隊，在他們完成任務離開香港後，我們還有足夠的實驗室人員長期作戰，維持龐大的檢測量嗎？抑或會打回原形？這是特區政府務必三思並且必須及早計劃安排的！

2020 年 9 月 14 日《am730》〈黎 SIR 事務處〉

全民檢測 抵抗抹黑

「普及社區檢測計劃」順利完成，來港協助的內地核酸檢測支援隊亦已完成任務離港。回頭一望，「計劃」由最初飽受攻擊，到最後有一百七十八萬人接受採樣，找出四十二位隱形患者，成果得來不易。

最初，反對派質疑試劑可信度、質疑支援隊資格，又説採樣很痛，甚至指控特區政府將港人 DNA 送交大陸。結果呢，沒有參加的市民説採樣很痛，五百七十多名支援隊員日以繼夜地工作，把香港的檢測容量最大化，而且特區政府並沒有在檢測過程收集市民 DNA。

反對派又指控檢測中心接近民居、通風不佳，聚集人流等同播毒云云。結果呢，一百四十一個檢測中心的設置嚴謹有序，有效地把市民分流；中山紀念公園體育館的火眼實驗室亦安全地完成任務，功成身退。「計劃」期間，沒有市民、工作人員或採樣人員在檢測中心或實驗室內受感染，遑論甚麼檢測中心播毒了。

當初還有反對派大聲疾呼，聲稱將入稟法院申請禁制令，禁止特區政府徵用某些場地做檢測中心。結果呢，「計劃」由七天延期兩次至十四天並已結束，禁制令無影無蹤，證明反對派一味靠嚇，講就天下無敵，做則無心無力，自曝真面目。

好了，到「計劃」結束，反對派又來「衡工量值」，指計劃花掉五億三千萬，只找到四十二位隱形患者，「性價比」甚低云云。反對派這些指控，一再暴露完全是為反而反，只見樹木不見森林。首先，「計劃」找出了兩條隱形傳播鏈，對抗疫工作有一定意義。再者，整個「計劃」為特區政府提供了寶貴的大型檢測執行經驗及有效數據，對於如何應對第四波疫情將發揮重要功用。

話說回來，若不是反對派開足馬力抹黑，我相信會有更多市民參加檢測，「計劃」的成效便不止於此，會找到更多隱形傳播者，救回更多生命，減少社會抗疫成本。反對派漠視公共健康危機，為反而反的所作所為，居心叵測，猶幸市民的眼睛是雪亮的，終必看清他們的圖謀。

2020 年 9 月 21 日《am730》〈黎 SIR 事務處〉

香港要清零，特區政府要硬起來

最近經常聽到一個詞語 —— 清零，指連續十四天沒有本地感染新冠肺炎確診個案。內地在很早的時候已經清零，為世界立下楷模，香港則是可望而未可即，源頭不明個案不斷，輸入個案又未止，社區傳播鏈再現。執筆時，不明源頭感染個案激增，更出現了新跳舞羣組。清零，遙不可及。

香港要清零，欠缺了甚麼？在我看來，就是欠缺了特區政府硬起來的決心。回顧疫情發展，從初爆發到如今冬季第四波，口岸檢疫、家居隔離漏洞處處，特區政府的抗疫措施很多時都是追着疫情屁股跑，而不是跑在疫情前，有時候又在保障私隱、恢復經濟活動與嚴苛防疫之間豫疑不決，進退失據。

遏止疫情的不二法門要靠大量檢測、排查，及早揪出隱形傳播者，切斷傳播鏈。全民強制檢測是重要一步，內地做到了，香港做不到。早前在中央大力支持下，特區政府本來有機會排除萬難實施全民強制檢測，卻因為反對派説了幾句為反而反的話，製造謠言，舉舉抗議紙牌，特區政府便畏首畏尾，把強制變自願，退一大步。結果是投放大量人力物力，卻只有百多萬人檢測，抗疫成效大打折扣，和清零的距離又拉遠了。

最近有專家及業界重提做一次全民強制檢測及持續性高風險羣組強制檢測。例如已有四十多人染疫的的士司機界，便應該盡快推行定期強制檢測，全面在加氣站設置檢測點，方便司機在輪候加氣時領取「樽仔」、交「樽仔」，甚至強制司機不檢測不准開工，規定展示陰性檢測結果等等，既保障司機更保障乘客。

另外，特區政府已制訂法律框架，若醫生懷疑病人感染新型冠狀病毒，可發出書面指示，要求病人接受檢測。特區政府終於踏出這步，本屬好事，豈料醫學會會長竟指責特區政府「有恐嚇意味」、「霸王硬上弓」，又質疑日後醫生會遭秋後算賬，其反應讓人懷疑，他是否只顧醫生利益而背棄公共健康這重大公眾利益？

記錄市民行程、萬一確診方便追蹤的「安心出行」流動應用程式，不單姍姍來遲，覆蓋面亦不足，宣傳未能做到鋪天蓋地，無孔不入，叫人失望。話說程式推出當日，我花了一早上也未能在 Google Play 上找到「安心出行」的芳蹤，想捧場卻無法下載程式，讓人氣餒。特區政府資訊科技總監辦公室表示有九千多個場所參與項目，這數字少得可憐，而且當中大部分是政府機構或場所，覆蓋面那麼小，程式效用成疑。這幾天，我到周邊常去買日用品的屋邨商場走了幾趟，無論商場、酒樓、餐廳、快餐店、超市等等都找不到「安心出行」的二維碼。特區政府為甚麼不加大力度，要求全港公共處所，特別是商場食肆及公共交通工具加入？創新及科技局局長解說時，竟不強調防疫需要，卻一味強調保障私隱，疫情當前，這是矯枉過正，「做啲唔做啲」無助遏止疫情，說到底也是特區政府未夠決心，力度不足，也不及時。

行政長官早前大鑼大鼓北上，與內地多個部委見面，聲稱爭取多項惠港措施，提高了《施政報告》的「期待值」，當中就包括香港如何清零、「港版健康碼」何時推出、中港能否通關等等。廣大市民更期待行政長官在《施政報告》中明確交待清零的時間表和路線圖，特別是香港在採購疫苗方面做了甚麼工作？和哪些藥廠簽訂了合同？甚麼時候可取得首批疫苗？行政長官的《施政報告》，大家拭目以待。

2020 年 11 月 21 日《東方日報》〈棟情棟理〉

第四波疫情來勢洶洶

2020年11月21日的衞生防護中心記者會上，張竹君醫生指新冠肺炎第四波疫情「升得來勢洶洶」，讓市民的抗疫神經又再綳起來。事實上，週六那天單日有四十三宗確診個案，初步確診個案逾六十多宗，是久違了的「大額數字」；跳舞羣組反映羣聚活動始終高危，社區傳播鏈仍在。

新冠病毒傳播力強，人類防不勝防。即使中國在很早期已控制疫情，至今仍有零星個案，11月13日便有單日通報國內五個地方（山東、湖北、福建、甘肅、河南）在進口冷凍食物包裝上驗出新冠病毒；也有發現物傳人的個案。在食物包裝上驗出新冠病毒並非新鮮事，香港也曾於6月爆發馬莎羣組，確診者便是包裝工場員工，負責為進口蔬果貼上標籤。希望政府部門把好關，嚴防病毒隨進口冷凍食物包裝來襲。

聖誕臨近，將會有大量香港留學生返港，要避免疫情像第二波那樣爆發，特區政府必須汲取教訓，未雨綢繆，加強入境檢疫工作，例如檢疫人士必須入住指定檢疫設施，確保他們在檢疫期間不得外出，並須謝絕探訪等等，要做到滴水不漏才可。

猶記得數月前，澳洲維多利亞省疫情大爆發，就是因為入境檢疫出現重大漏洞，檢疫酒店措施粗疏，部分保安員同時兼職酒店及老人院，病毒從入境人士傳給保安員再傳給老人院長者，引致社區大爆發。維多利亞省封城六星期，幾乎停止一切活動，疫情才受控，期間人命及經濟損失慘重，反映入境檢疫何等重要。

香港的第四波疫情究竟是小波濤還是大爆發，接下來十四天自有分曉。若特區政府抗疫一年仍未能汲取教訓，未能及早果斷地推出措施，大力遏止疫情，市民必會大失所望。

2020 年 11 月 23 日《am730》〈黎 SIR 事務處〉

誰在空喊清零口號？

行政長官認為建制派力推全民強制檢測只是口號，可是對比一下《施政報告》說要「全力以赴，力爭清零」和在第四波疫情下特區政府跟着疫症跑的抗疫措施，究竟誰在空喊清零口號？

第四波疫情不是憑空殺出，專家早已預告多時。可是當第四波開始爆發，市民的抗疫情緒又拉緊時，特區政府的實際抗疫操作仍是甩甩漏漏。例如在 2020 年 10 月 27 日記者會中說將設立的四個長期社區檢測中心仍未落實，跳舞羣組經已爆到七彩，各社區檢測中心無論數量及檢測能力均不足，中心的網站首頁早已刊出「預約量已接近服務量上限」、「市民可考慮其他時段或其他途徑進行檢測」的特別通告。

行政長官說目前「已有強制成分的檢測」，例如強制到過十四間跳舞場所的人在指定期限前做檢測，結果是跳舞的飲茶的、有預約的沒預約的都湧到社區檢測中心，最後就是大排長龍，怨聲載道。

要求安老院舍員工做檢測說了很久，卻遲遲沒有清楚指引，是特區政府派員到院舍為員工做檢測，抑或要員工自行到檢測中心？特區政府待至 11 月 31 日才發出「強制檢測公告」，強制安老院舍員工在指定日期前去社區檢測中心或其他認可私營化驗所做檢測，違者罰款二千。誰料公告一出，業界強烈抗議，控訴社區檢測中心爆滿，變相逼員工付出昂貴費用光顧私營化驗所，是逼員工帶錢上班並不合理。

又例如特區政府於 11 月已說要強制的士司機做檢測，但是到現在仍是只聞樓梯響。其實要推行的士司機強制檢測並不困難，最緊要方便司機又不阻礙他們搵食，例如可在全港各大加氣站設置檢測點，方便司機在輪候加氣時順道領取「樽仔」和交「樽仔」等等，方法多的是，不明白特區政府為何拖拉至今仍未落實。

還有那個「安心出行」流動應用程式，遭質疑索取權限過多，引起私隱外泄顧慮，於是索取權限由十五項刪減至七項。程式至今反應平平，很多人也沒安裝或者安裝了卻沒使用。說來諷刺，雖然行政長官經常說香港要搞創科、要做國際創新科技中心，卻原來，表列處所及食肆要先填表及提供商業登記等等，向特區政府申請「安心出行」場所二維碼，特區政府要花五天（！）來製作及提供場所二維碼給申請商號！天知道五天可以傳播多少病患？既然已開發程式，為甚麼商號不能用程式自動生成（generate）場所二維碼？幾分鐘的事為甚麼要花五天？難怪目前為止全港只有三萬多處所食肆參加計劃，而且當中大量是公營處所。

據報「安心出行」的下載量只有二十七萬次，與全港七百萬人相比，簡直是零頭也沒有。歸根究底，是特區政府被「私隱」緊箍咒緊緊地箍住，不敢強制市民必須「嘟一嘟」才可進入處所食肆。其實未有「安心出行」前，很多大廈都有基於保安等理由，要求訪客登記才可進入，一般市民都會配合。又例如新加坡早於 2020 年 4 月已推行 SafeEntry 訪客登記系統，市民要先掃碼或掃瞄身份證方可進入商場超市等等，為了抗疫新加坡人都很配合。為甚麼「安心出行」就不能做這一步呢？說到底，特區政府畏首畏尾，沒有推行強制措施的魄力和決心。

誠然，抗疫路途崎嶇，香港要走出自己的抗疫路也不容易。不過，香港市民已經被疫情蹂躪一年，即是特區政府已經汲取了整整一年的抗疫經驗，若仍是拖拖拉拉，做啲唔做啲，不走在疫症之前，香港清零無望，市民更是大失所望。

2020 年 12 月 5 日《東方日報》〈棟情棟理〉

訂到疫苗嘞～

跳舞羣組把新冠肺炎第四波疫情推向極致，幾乎每天都有百宗確診，各區都有源頭不明個案，養和醫院失守，多幢大廈爆疫，地盤等不同類型社羣也爆發羣組感染，本來已讓人憂心；專家還指病毒變種傳染性更強、殺傷力可能更大，不少進入深切治療部的患者都是六十歲以下，更有一位三十八歲病人因為雙感染離世；同時，估計將有大批海外留學生回港過聖誕，疫情會否一發不可收拾，相信每個香港人都擔心不已。

疫情爆發一年，即是特區政府已累積一年抗疫經驗，奈何當初的圍堵政策顯然失效，所謂「張弛有度」其實是見招拆招；錯過了全民強制檢測，內防反彈失敗；爆疫一年才能推出指定檢疫酒店及指定專車，外防輸入像爆水管那樣漏洞處處；加上經濟一池死水，百業蕭條周圍裁員，這個時候，即使市民能體諒官員不眠不休，仍難免對特區政府的抗疫表現大失所望。

行政長官說不推行全民強制檢測，因已有「強制成分的檢測」，包括千呼萬喚始出來的的士司機羣組。截止 2020 年 12 月 11 日，已有萬一名的士司機完成檢測，本屬好事，怎料有外判商出事，觀塘渡輪碼頭巴士總站的檢測中心竟沒有為接受檢測的五百多名的士司機登記資料，導致樣本無法和司機的身份配對。這樣的疏忽簡直不能接受，反映層層外判缺乏有效監管，甚麼「滴水不漏」變成空談。

抗疫一年，市民的忍耐幾近爆煲。行政長官拋出「訂到疫苗嘞～」這個重磅消息作為聖誕大禮，還説首批一百萬劑疫苗最快下月抵港，真是可喜可賀。但是有關其中一種疫苗的「生父」資料卻在一天內改了四次！首先是行政長官在記者會（2020 年 12 月 11 日）內公佈「復星醫藥、德國 BioNTech 和美國輝瑞藥廠（Pfizer）將提供七百五十萬劑信使核糖核酸疫苗」，特區政府卻在當晚深夜十一時發新聞稿澄清疫苗是由復星醫藥和德國 BioNTech 合作研發，即是沒輝瑞的事。但是，一覺醒來，食衞局局長在翌晨（12 月 12 日）的電台節目中又説疫苗是由輝瑞等三家藥廠共同研發，還説疫苗是歐洲製造。再然後，特區政府再在晚上（12 月 12 日）發稿再澄清疫苗由復星醫藥與 BioNTech 合作研發，而輝瑞僅為 BioNTech 核酸疫苗中國以外區域的合作夥伴。那麼，究竟輝瑞是否這隻疫苗的「生父」？這麼直接而重要的資料都弄得謎之混亂，是哪個部門哪個環節出了錯？

見微知著，年初有疫苗，會是空歡喜一場嗎？

2020 年 12 月 14 日《am730》〈黎 SIR 事務處〉

大廈清零，做得到嗎？

這個聖誕，有人乖乖留家抗疫，也有人按捺不住湧上街頭，尖沙咀人頭湧湧，很多人除下口罩拍照。其實第四波疫情那麼嚴峻，每天仍有數十至百宗確診，這些行為風險甚高，可免則免。

特區政府被指抗疫不力，政務司司長在聖誕前（2020 年 12 月 22 日）拉大隊北上深圳，與國家衞健委會面「接受指導」。報導指這次會面主題是「香港新冠肺炎疫情專題交流會」，中央官員要求特區政府以清零為目標，並分享了內地全民檢測、小區抗疫的經驗。清零，這不是香港市民的共同願望嗎，特區政府還需要中央官員耳提面命才醒覺？

會面後，特區政府的行動好像真的「加大力度」，增強了跨部門協作，要求多幢大廈的居民強制檢測，突擊執法逐戶查驗乙明邨明恩樓，行政長官參觀私營化驗所等等。雖然行政長官表示「要讓『須檢必檢』、『應檢盡檢』和『願檢盡檢』的策略發揮更大效用」，不過，就目前運作而言，這些指定大廈強制檢測漏洞多多。包括有居民做了檢測多天後仍沒收到檢測結果、不知道哪些居民做了檢測、哪些居民沒做檢測甚至離開了、檢測站開放時間不夠長及人手不足、安排不當引致大排長龍等等，再加上資訊混亂，往往使行動事倍功半，徒增市民怨氣，即使想配合也配合不了。如此這般，莫論屋邨清零，連大廈清零都做不到。

要有效完成指定大廈強制檢測，達致大廈清零，最重要是包圍性和時間性，要一次過清清楚楚公佈詳情，切實執行，做到當年封淘大一樣滴水不漏。即是特區政府一旦決定某幢大廈須做強制檢測，便要雷厲風行地操作，封樓、做了檢測要有證明、要盡快準確地發出結果通知、居民要有陰性結果證明才可離開、若發現未做檢測的要馬上檢測、違法必究等，才能有效揪出隱形傳播者。

檢測之外，追蹤工作也很重要，可惜「安心出行」程式推出個半月仍然唔湯唔水，目前只有四十萬人次下戴及六萬七千個處所有張貼二維碼，以香港七百多萬人口計真是微不足道，發揮的作用微乎其微。創科局不着力加強推廣或提供誘因讓更多人及處所使用，局長卻急不可待説會加感應器云云，看來是急驚風遇上了慢郎中。局長又説「在未知疫情發展下，決定是否需要強制安裝不是科學的做法，亦是不切合實際需要的假設」，請問局長是不知道第四波疫情有多嚴重？抑或過分憂慮私隱投訴？全民不是要抗疫第一嗎？為甚麼就是不敢強制呢？若要先知道疫情怎樣發展才能做決定，特區政府又如何帶領市民清零？

2020 年 12 月 28 日《am730》〈黎 SIR 事務處〉

2021 疫戰決勝局

2020 年終於過去了，回望這一年，香港飽受疫情折磨，在醫療經濟民生各方面歷盡滄桑。特區政府的抗疫表現並不及格，市民亦出現抗疫疲勞，第四波疫情未知何時了，英國變種病毒已洶洶而來。新年新願望是疫苗盡快抵港，至少先讓前線醫護、長者等等高危羣組優先接種保健康。

清零是全港市民的願望，更是特區政府的首要任務，現在是香港與疫情的決戰時刻，特區政府必須鼓起勇氣，拿出魄力，定下具前瞻性的抗疫策略，並且要做到善用人力及資源，快速應對，不能像 2020 年那樣見步行步，只是追着疫情尾巴跑。

資源及人手方面，除了站在抗疫最前線的食衞局、衞生署和衞生防護中心，其實特區政府坐擁十八萬公務員，既然如今很多服務、活動都因疫情暫停，大量公務員在家工作，特區政府應該分清優次，統整人手，盡可能調撥最多人手投入抗疫工作。

我相信 2021 年的全球首項挑戰都是推行全民接種疫苗，歐英美加這些大國大經濟體都通過各項法例，批准緊急使用疫苗，並且已開始大規模接種，西班牙政府制訂拒絕接種疫苗名冊，內地也早已完成一百萬劑次緊急接種工作，國藥集團疫苗亦已獲國家藥監局批准附條件上市，新加坡亦已「開打」，可見各國都明白現在是生死存亡的關鍵時刻！

至於香港，由行政長官匆忙宣佈成功訂購疫苗開始便頻頻甩轆，先有「輝瑞係唔係輝瑞」的謎團，後又由「市民冇得揀」變成「有得揀」，説來説去原來整個接種計劃仍在規劃中。直至除夕前，行政長官終於宣佈成立了「2019 冠狀病毒病疫苗顧問專家委員會」及籌備大規模疫苗接種計劃的專責工作小組，無疑又慢了一拍。

另外，從近年各項反政府運動急速發酵、輕易動員便可看到，反對派很懂得利用民心，攻擊特區政府的缺口，把好事説成壞事，社會上亦充斥着各種假新聞假資訊。因此，特區政府必須明白，疫苗接種計劃的成敗關鍵，是主動出擊，及早掌握話語權，鋪天蓋地宣傳接種計劃詳情，講解疫苗的好處及成效，務求做到水銀瀉地，公開透明，讓全港市民都清楚知道接種疫苗對自己、家人、醫護、朋友和所有人合力抗疫的必要性，提高接種人數。除了整個新聞處要動起來，那些具傳媒經驗的政助也要全身投入，有橋出橋，有顏獻顏。

相反，若特區政府任由反對派中傷疫苗，只是被動地駁斥謠言，整項計劃便會事倍功半，屆時想要扭轉市民的看法，難上加難。

還有，現在「安心出行」、「智方便」等流動應用程式零零散散，功能少亦照顧不到急需，對市民來說就是「智唔方便」，不感興趣。創科局應該化零為整，把抗疫相關的功能整合在一個 APP 內。市民只需下載一次，容易登記使用，就可以安心出行、記錄檢測結果、登記接種疫苗等等，全民自動自覺下載使用，才能全面發揮抗疫效能。

2021 年新的開始，希望香港一洗疫風，跨過疫情，盡快回復正常生活狀態，重振經濟活力。

2021 年 1 月 2 日《東方日報》〈棟情棟理〉

鎖區的抉擇

香港抗疫一年無甚寸進，建制派持續大力呼籲做全民強制檢測，特區政府都拒絕再拒絕。終於，在行政長官視像述職前幾天，突然發力，果斷進行鎖區檢測，先後圍封了佐敦及油麻地一些區域，強制當區居民檢測。若果特區政府在一年半年前有此決心，香港的抗疫道路可能已大不同。

首先是圍封佐敦小試牛刀，相信特區政府的評估比較保守，因此選擇於週末鎖區四十八小時，期望減低對上班人士的影響。除了事先走漏風聲，有居民在鎖區前離開在解封後才回歸，以及全城訕笑的罐頭刀事件外，整體運作尚算順利，七千多位居民做了檢測，揪出十三位隱形傳播者，另外找到二百多位沒做檢測的人士。

佐敦解封後，行政長官説要改善，下回要「突襲」，就真的突襲封鎖了油麻地碧街一帶，並且把鎖區時間壓縮至十一小時。這一次，大約有三百三十人做了檢測，發現一宗確診個案。

有意見認為，那麼勞師動眾卻只揪出幾個隱形傳播者，付出與成果完全不成正比，因此質疑鎖區的做法。我的看法完全相反，需知道每一位隱形傳播者都有可能把病毒傳播開去，造成社區擴散。香港之所以發展至第四波疫情，每天的新確診數字居高不下，其中一個原因就是未能及早切斷隱形傳播鏈。因此，隱形傳播者，及早找出一個及早隔離是切斷一條鏈，及早治療是救一條命，都有助遏制疫情。

首兩次鎖區行動雖然順利但不是全無漏洞，有幾點值得留意：一、鎖區前必須保密，不能走漏風聲；二、有效運用快速檢測工具，加快發出檢測結果；三、不必強制已做檢測並呈陰性的居民禁足至整區解封；四、靈活應對及支援個別居民的緊急需求；及五、盡量壓縮鎖區時間，把對居民的影響減至最低。

行政長官視像述職後，特區政府隨即進行第三次鎖區檢測，突襲封鎖連環爆疫的北角東發大廈 A 至 D 座。這次，有商舖表示「走避不及」頗有怨言，但從傳媒報導所見，大晚上仍有很多居民在臨時採樣站排隊，輪候做檢測，看來居民頗願意配合行動。這回有四百七十五人做了檢測，找不到受感染者，居民可以安心了。

最後，還有一點很重要，就是如何處理「逃亡」或躲開檢測的居民？這些人可能是隱形傳播者，若在鎖區前離開了，躲過了檢測，也有可能把病毒傳播開去，大大打擊檢測成效。若放任他們不用負責任，對願意配合行動做檢測的居民不公平，也對整個抗疫行動造成負面影響，清零仍遙遙無期，因此，特區政府務必要加大執法追蹤的力度。

2021 年 1 月 30 日《東方日報》〈棟情棟理〉

疫苗卡，卡住了

上網瀏覽了一番，發現在第四波疫情下，特區政府終於有件事做得「超前了」，就是在未有疫苗供港、疫苗接種計劃不知何時才能啟動的情況下，超前推出了「2019 冠狀病毒病疫苗接種計劃」網站。這倒讓我想起年底時，特區政府大鑼大鼓，宣佈成立「疫苗顧問專家委員會」，又侃侃而談表示購買了三款疫苗，其中內地科興疫苗將於 1 月到港云云，當時有不少人憧憬疫苗到港，一天光晒。

可惜計劃趕不上變化，兩個月過去，我們連疫苗的影子也沒看到。原定最早供港、以傳統滅活技術製造的科興疫苗，因為仍未提交第三期臨床報告的數據，專家委員會欲批無從，卡住了。

有聲音要求特區政府改購已在內地開打、也是以滅活技術製造的國藥疫苗。行政長官也聲言已在十日八日前向中央提出希望獲分配國藥疫苗。可是，國藥同樣沒有公佈第三期臨床報告，根據香港的法例，即使中央願意分配國藥疫苗給香港，但是沒有數據，香港的專家委員會仍是欲批無從，也是卡住了。

至於專家委員會已批准使用、採用信使核糖核酸為技術平台（mRNA）的德國 BioNTech 疫苗，雖然已在歐美大量開打，卻出現產量問題，全球供應量大幅調低。雖然特區政府最新的公佈說首批一百萬劑 BioNTech「復必泰 TM」疫苗將於 2021 年 2 月下旬抵港，但有過科興的前車之鑒，再加上接種 BioNTech 疫苗後出現各種副作用甚至死亡的新聞不絕於耳，今次市民抱持觀望態度，信住先。

更重要的是，在這個望天打卦的階段，市民對於疫苗的期待值已大大降低。最近便有民調指出，有 40.6% 受訪者傾向不會在首輪接種疫苗，當中有 26% 受訪者擔心疫苗是否安全，21% 受訪者則害怕有副作用。另一個民調更指只有 37.3% 香港成年人願意接種疫苗。不同民調均反映市民對疫苗信心不足，因此，即使疫苗到港，特區政府都要卯足勁向市民解說，鼓勵市民積極接種，否則，疫情更難劃上句號。

2021 年 2 月 1 日《am730》〈黎 SIR 事務處〉

疫情反彈，怨氣不散

雖然港人日思夜想，祈求新冠肺炎疫情早日過去，盡快清零，大家可以回復正常生活作息，可惜事與願違，疫情不但沒走向清零，而且又有反彈趨勢，病毒就是不忍和香港說再見。

疫情反彈的轉折點是 2021 年 2 月中大年初七，特區政府放寬防疫措施，容許食肆由二人一枱改為四人一枱及可營業至晚上十時。十分不幸，措施甫放寬便遇上超級傳播，爆發了 K11 MUSEA 名潮食館羣組，累計已有五十多人確診。本來已夠壯觀，後來發現當中有確診食客又光顧了銅鑼灣另一西餐廳，連鎖引爆另一食肆羣組。專家指食肆羣組可能因為環境擠逼、餐桌食具交叉感染而爆疫。名潮食館更被指通風管太幼，排風能力不佳，空氣流動低，所釋出的鮮風量只有申請牌照時說明的三分一，結果被商場單方面終止租約，下場坎坷。

用膳時需要脫下口罩實在無可避免，但這兩個有「羣帶關係」的食肆羣組反映了環境傳播的風險，必須正視。雖然及後特區政府要求食肆特設「執枱專員」，細化食肆員工的分工，但現實操作上，有多少食肆特別是小店能做到？你我心中有數。看來特區政府在食肆防疫方面還有大量工作要做，並且要在業界生計和公眾健康之間拿捏平衡，否則業界和食客均無啖好食，怨氣積於肚內。

另一個「潛力」驚人的羣組是西營盤 URSUS Fitness 健身羣組。健身室也是在大年初七開始復業，本來是運動愛好者的佳音，沒想到會爆疫。由 2021 年 3 月 10 日公佈有健身教練確診開始至 3 月 12 日，短短幾日已蔓延至多間健身室，累計五十多人確診，二百四十人要強制檢疫。和食肆羣組相似的是，這些健身室都是室內冷氣空間，空氣流通不比戶外，教練及客人輪流使用健身器材也可能造成交叉感染。若當中有人在運動時脫下口罩，或者在更衣室洗澡（當然也會脫下口罩），感染風險便大大增加。健身羣組還有一大特色，就是教練及客人的流動性極大，他們出入於不同的健身室，接觸不同的教練及客人，無形中形成涉及多間健身室的複雜傳播鏈，讓人聯想起引爆第四波疫情的跳舞羣組，叫人擔心確診人數會繼續增加。特區政府亡羊補牢，刊憲收緊健身中心的防感染措施，包括規定任何人身處健身中心內，須一直佩戴口罩（淋浴時及飲食時除外），成效如何有待觀察。其實光顧健身室的本身就是熱愛運動、熱愛健康的人，現在竟然因運動染疫變成患者，實在諷刺，可見新冠病毒的威力強勁。

不論是食肆羣組還是健身室羣組，這些確診個案告訴我們，雖然我們已抗疫一年有多，但是病毒仍然在身邊，換句話說，特區政府一直以來的抗疫措施成效不彰，無法斷絕傳播鏈，也無法斷絕市民的怨氣，驚蟄那天市民蜂擁到鵝頸橋打小人的盛況便可見一斑。

2021 年 3 月 13 日《東方日報》〈棟情棟理〉

打了折扣的疫苗熱

新冠肺炎之戰已步入關鍵的接種疫苗階段，各國政府都期望疫苗救國，擊退疫情。美國及英國分別已有三千多萬人及二千多萬人接種了第一劑疫苗。不過，世界各國同時傳來接種疫苗後產生副作用甚至死亡的報導，讓各國政府如履薄冰。

特區政府的疫苗接種計劃在 2021 年 2 月 26 日由科興疫苗揭開序幕，市民本來期望甚殷，計劃初期的預約率十分之高，可惜隨着出現疑似副作用及死亡個案，市民的打疫苗熱情快速退回「睇定啲」、「遲啲至算」的心態。雖然官員及專家紛紛表示那些個案和接種疫苗沒有直接關係，但是心理傷害經已造成；即使隨後「復必泰」(BioNTech) 疫苗加入，仍未能挽回市民信心，還出現了「退針潮」。抗疫一年多，由望疫苗望到頸都長，到有疫苗了但少人打，實在可惜。

特區政府為了提高接種率，火速一再放寬疫苗優先接種組別，不分職業、只問年齡，開放給全港三十歲以上人士，可是成效並不顯著。根據特區政府的資料，累計至今只有約二十三萬人接種了第一劑疫苗，相比全港七百八十萬的人口，這數字重演了「安心出行」推出初期的一幕，真是九牛一毛，要達致至少有 75% 人口接種了疫苗的羣體免疫，看來仍有一段既漫長又曲折的路要走。

行政長官表示將研究提供接種疫苗的誘因，但願不要再弄出「五千元鼓勵確診」的笑話。再者，與其研究這些細枝末節，不如直接開放疫苗予全民（十八歲以上）接種，讓希望加強健康保障的年輕人受惠，不用慨歎自己「未夠秤」。

目前，不同國家採購了不同品牌的疫苗，而不同疫苗則採用不同技術，數據及保護率各異。以特區政府採購的三種疫苗為例，科興採用滅活技術、「復必泰」採用信使核糖核酸（mRNA）、牛津大學阿斯利康疫苗則是採用改良版腺病毒，共通點都是要接種兩劑才會有充足保護。可是在出現連串懷疑副作用個案後，估計會有不少市民棄打第二針，無形中連第一針的保護效能也會大打折扣。

如何補救？特區政府應積極探討購入「一劑過」疫苗。根據報導，目前至少有美國強生和國產康希諾生物研發了「一劑過」疫苗。市民若接種「一劑過」疫苗的話，既心安理得健康有保障，不用擔心出現棄打、忘打第二針的情況，行政工作方面也省時省資源，有效率得多。如果大部分市民都接種「一劑過」疫苗，整個社會便可加快達致羣體免疫了。

當然，特區政府還要諗高床板想想如何挽回市民對疫苗的信心，一方面要清楚交待不同疫苗的適用年齡羣及副作用風險，一方面要想辦法提高接種率，否則，説甚麼健康碼、疫苗護照、旅遊氣泡、通關，都是徒然。

2021 年 3 月 20 日《東方日報》〈棟情棟理〉

特首道歉及時，惜問題未改善

因應變種病毒來勢洶洶，並且有第一宗變種病毒個案進入了社區，特區政府二話不説第一時間實施非常特殊措施，把相關大廈的全部居民列為密切接觸者，全部送到檢疫中心隔離檢疫二十一天。幾日後特區政府又放寬安排，這批密切接觸者檢測結果屬陰性後可離營回家。

寫出來是這樣的簡單乾脆，可是實際情況卻是怨聲載道，連日來電台、報章、網絡都報導了很多隔離實況，從入營安排混亂、膳食難嚥、有市民食到肚屙、單位內水壓太弱或廁所堵塞、冷氣機故障漏水、床褥有蝨，到出營安排更加混亂，有市民竟然因為「沒有記錄」而阻延離營等等，基本上是有彈無讚，市民叫苦連天。可是，為甚麼會這樣？香港已抗疫一年有多，竹篙灣檢疫中心亦已全面啟用半年，理論上應已運作暢順才對，為甚麼一次大規模遷入便弄得焦頭爛額，單位彷彿日久失修？這無疑是反映了在抗疫戰上，即使有更好的硬件，都要有及格的軟件（日常管理）配合才可。這個回合，特區政府又一次把加分變成失分。

行政長官在 2021 年 5 月 11 日早上行政會議前會見傳媒，對於居民在檢疫中心有不愉快經歷表示歉意，又指已向他們發出感謝信等等。可是，那邊廂就有隔離市民手撕感謝信表達不滿。當事人意難平，可以理解。不過，行政長官今次的道歉，算是及時，從公關角度看亦算及時拆彈，總比不聞不問或不認錯好。

不過，單是道歉並不能解決問題，特區政府責無旁貸，必須盡快檢視檢疫中心的管理及運作，改善工作程序，維修單位等等並及時開誠布公。抗疫持久，市民既願意配合特區政府的檢疫措施，便應獲得良好待遇。變種病毒威脅未除，若檢疫中心變成累積民怨的根源，真是得不償失。

2021 年 5 月 17 日《am730》〈黎 SIR 事務處〉

積極打針，可喜可賀

疫苗接種是個龐大的執行計劃，特區政府在統籌及安排等各方面其實做得不俗，例如場地安排、流程設計、人員配置及訓練、發生事故後如何應對等等，都有相關策劃及指引，這幾個月以來，亦算進行順利。反映特區政府擅長行政安排，相信有在社區疫苗接種中心接種疫苗的人士，都會感受到過程的順利。

不過，若提到接種疫苗的人數或接種率，仍然令人失望。截至 2021 年 6 月 3 日，仍只有一百多萬人接種了兩劑疫苗，對比英美等其他地方，香港的接種率頗低。為甚麼會這樣？因為特區政府最弱的一環就是宣傳及訊息傳遞，往往被別有用心的人搶握話語權，特區政府只是被動澄清，便較難取信於市民。

回頭看看，疫苗開打初期，特區政府並沒推出打針誘因或優惠，官員説的是官腔，宣傳是沿用最傳統的方法，在電視播放宣傳片，靠高官、社會賢達來呼籲市民打針，卻沒思考，今時今日，市民仍然奉信這些傳統權威嗎？這麼老舊的宣傳手法，真的管用嗎？

後來，陸續傳出疑似在打針後出現副作用甚至死亡的個案。即使當事人本身長期患病，或者是在很多天之前接種了疫苗；即使沒有明確證據證明個案與接種疫苗有關，報導的標題仍是強調當事人在「ＸＸ天之前接種了疫苗」。這些報導營造了有很多出事個案的錯覺，市民難免感到恐慌，對疫苗的信心大減。即使專家委員會一再澄清個案與疫苗無關，但市民已先入為主，一旦猶疑，接種率便谷不起來。

近期特區政府放寬了可接種疫苗人士的年齡限制，卻被指是在疫苗有效期前谷針，把好事說成壞事。其實特區政府早就應該谷針了，之前官員還各種否認，現在才發力難免落人話柄。

還是商界最懂市民心，有發展商想得很仔細，看準市民最想要的就是樓，送出價值千萬的全新單位來大抽獎，還全包律師費印花稅等等。消息一出，全城乍喜，打針預約數字步步高升！其他企業及組織相繼推出打針優惠，例如打針假期、大抽獎、消費券、簽賬額等等，五花八門，好不熱鬧。

有心唔怕遲，有時市民只是欠缺一把推動力，如今「有樓抽」打開了接種疫苗的大門，我們終於朝着積極打針的方向進發，可喜可賀，防疫大戰當前，加油快快齊打針！

2021 年 6 月 7 日《am730》〈黎 SIR 事務處〉

我連續做了兩次強制檢測

2021 年 6 月下旬，我連續做了兩次強制檢測，體驗迥異，在此分享一下。

第一次是因為小弟所住區域內採集的污水樣本檢測呈陽性，該區納入了強制檢測範圍，身為良好公民的我，在 6 月 24 日立即到區內的臨時流動檢測中心排隊。那天天氣很差，居民冒着大雨排隊，當中還有很多是一家大細的，人龍很長，我左手撐傘，右手捽手機，足足在雨中苦候了兩小時！猶幸人龍秩序井然，反映香港市民為了抗疫，十分合作。

工作人員也是冒着大雨站崗工作，勞心勞力，值得一讚。不過，我見登記櫃位的工作人員捧着一大疊膠板，夾着一張張紙本表格，居民要手動填寫自己的個人資料，難怪人龍那麼長又移動緩慢。工作人員收妥表格後，把一張張紙疊起放好。雖然工序表面上沒問題，但我不禁想，今時今日，這種工序為甚麼不採用電腦？日後若要從這成千上萬的紙張中揪出相關個案，豈非又要動用大量人手逐張表格檢視？真是費時又沒效率。

檢測翌日我收到短訊通知，檢測結果屬陰性，怎料高興也來不及，我又收到「安全出行」通知，因為我在之前的某個時段，和另一位證實確診的患者在同一個商場出現過，又要強制檢測了。本來公告說6月25日至27日的已檢測人士不用做第二次檢測的，可惜良好公民我是在6月24日便急不可待排隊去，就是這一日的時間差，我第一次的檢測不獲豁免，即是又要檢測去。

這次我學精了，沒有貿然去排隊，而是先上網登記固定檢測中心，然後依指定時段到達。這次不用手動填寫個人資料，我出示手機預約短訊及身份證，櫃枱人員便可輸入資料，而且櫃枱設置平板電腦，讓市民與工作人員同步核對資料；進行檢測前亦需再出示短訊核對，確保無誤才進行檢測。整個流程十分鐘完成，順暢順利，這次的體驗也比第一次好得多。

親身體驗了兩次檢測，流程設計有分別，反映特區政府在執行細節上仍有改進地方。建議有關部門要不時檢討，盡快把這些執行細節統一起來，讓市民有更佳的體驗，別辜負願意配合檢測的市民。

2021年7月5日《明報》〈三言堂〉

檢討外防輸入，避免第五波疫情來臨

近兩月來，本港新冠肺炎疫情大大紓緩，這要歸功衞生防護中心、大學科研團隊及前線醫護人員，集合大家的力量，提升了強制檢測、追蹤緊密接觸者的能力。但是在外防輸入方面，仍有漏洞，稍一不慎，第五波疫情隨時爆發。

外防輸入的第一道亦是最重要的關卡，便是機場。不幸的是，近期有幾宗本地確診個案，都和機場脫不了關係。有確診者是在機場服務的地勤人員，因為他曾經去過抵港人士等候檢測結果的區域而染疫，隨後傳染給同事。另一位確診者則是機場停機坪搬運工。

很明顯，機場這條防線並非滴水不漏。特區政府應全面檢討熔斷機制與及旅客及貨機抵港的檢疫流程，加強機場的防疫措施，例如旅客抵港、做檢測、在等候區等候檢測結果、到離開機場，期間的工序有沒有可加強的地方？例如可否加密等候區的消毒次數？工作人員每次進出相關區域會否消毒？貨運出艙前會否先做一次機艙消毒？

除了機場防線，特區政府也應檢討及收緊豁免檢疫人士的相關安排。最近便有外國領事家屬來港後才確診的個案，而且確診人士並沒遵守檢疫規定，在家居隔離期間，曾經私自離家，因而有機會把病毒帶進社區，引發下一輪爆疫。這是抗疫防線上的重大缺口，特區政府必須正視。

目前，雖然香港的疫情有所放緩，但是放眼世界，Delta 變種病毒正在「大發神威」，英美歐各國的確診數字每日飆升，世界衞生組織已預測 Delta 將在未來幾個月成為世界主流病毒，萬一疫苗失效，全球便將回到 2020 年初的疫情原點。在這形勢下，香港更不能放鬆戒備，若機場失守，外防輸入失敗，便有可能爆發第五波疫情，過去年多市民共同抗疫的成果將功虧一簣。因此，特區政府必須加快動起來！

2021 年 7 月 26 日《am730》〈黎 SIR 事務處〉

打開通關之門

抗疫之路有完沒完？最近我走訪多個街站接觸市民，絕大部分市民最關心的都是何時可和內地通關，讓港人免檢疫往來內地，與家人團聚，處理生意或工作等等。雖然行政長官說中央政府並未定下通關的具體條件（2021 年 9 月 14 日），但是社會普遍認為與港人的疫苗接種率有關。

疫苗接種計劃已實行了七個月，目前有四百三十三萬人至少接種了第一劑新冠疫苗，接種率約六成四，距離至少七成的接種目標仍有距離。特別是長者這個組羣，第一劑疫苗的接種率只有兩成七，可謂極不理想，反映特區政府的宣傳及解說工作仍然不足，未能釋除長者及其家人的疑慮，讓長者安心打針。聶德權局長說特區政府未來的策略是「走入社區，接觸長者」，將加推各種方便長者打針的措施，例如在公立醫院設置注射站、在地區「洗樓」、舉辦長者社區疫苗接種日等等，招數是多，希望真的有效。

至於已接種兩劑疫苗的是否絕對免疫呢？答案是否定的。已有科學研究指出，接種兩劑疫苗的五六個月後，體內抗體會漸漸減弱。作為全國政協委員，我在 2021 年 1 月及 2 月在深圳接種了兩劑國藥疫苗，屬於最早期接種疫苗的人士，算一算距今已大半年，適逢養和醫院推出研究計劃，邀請早期接種疫苗的人士，接種第三劑疫苗作最新的臨床測試，於是我便報名參加。

接種第三劑疫苗前先要驗血及做身體檢查，結果顯示我的病毒血清 IgG 抗體水平非常低，而中和抗體也驗不出來。這個檢查結果屬意料之內，因為距離我接種兩劑疫苗已經七個月，我身體裏面疫苗產生的抗病毒能力正在消退，參加試驗計劃接種第三劑疫苗是正確選擇。而由於我之前是接種國藥疫苗，因此，第三劑我選擇同是滅活技術的科興疫苗。

當日接種疫苗的過程非常專業、流暢、順利，不過，試驗計劃的重點在於接種疫苗後的身體反應，我之後每隔一段日子便要去抽血，一共五次。而我打針當日至今並無任何不適。

我覺得養和醫院這個研究計劃非常有意義，將為今後香港「打第三針」提供本地數據。事實上，部分國家例如以色列、英國及美國已經開始打第三針了，有傳媒報導以色列甚至已經預算要打第四針。其實道理就像每年流感季節來臨，特區政府都鼓勵市民打流感針那樣，看來第三針也是對抗新冠肺炎的必要措施。

我呼籲仍未接種新冠疫苗的人士，為己為人，盡快接種，提高我們的接種率，共同努力，打開通關之門。

2021 年 9 月 20 日《am730》〈黎 SIR 事務處〉

通關，還欠甚麼？

目前港人最希望與內地毋需隔離檢疫通關，但是兩地的防疫標準差距甚大，早前特區政府與內地專家代表舉行了對接會議後，特區政府一步步宣佈收緊防疫措施，包括會大幅取消入境豁免檢疫羣組、市民進入政府大樓及相關設施必須掃描「安心出行」等等，以爭取內地早日同意。

這些措施是必須做的，當中以外防輸入最為重要。香港幾波疫情都是因為機場及碼頭的疏漏而引致，爆發過的個案包括機組人員、機場工作人員、貨機人員、外地船員等等。可見機場及碼頭檢疫必須加強，例如過境旅客不能隨便走動，接待過境旅客的人員必須做到醫院的嚴格消毒要求。還有對入境貨機及貨物的檢疫流程要求也要提高，確保無失誤。

目前，香港與內地的檢疫安排，包括「回港易」及「來港易」等等，當中，港人進入內地必須檢疫隔離二十一日，是相當嚴格的防疫要求，巨大的時間成本一般港人未必能負擔。

因此，盡早推出港版健康碼便更加重要。其實港版健康碼早聞樓梯響，可惜遲遲沒見影，特區政府一直推說研究研究，究竟問題出在哪裏？

正如食物及衞生局局長陳肇始在電台節目中所言，內地重視風險管理，不希望與香港通關招致任何風險。因此，若港版健康碼只記錄市民的個人資料、接種疫苗記錄及核酸檢測結果，對內地的防疫標準來說，是遠遠不夠的。內地政府關注若港人進入內地後確診，當局必須能追查到確診者過去二十一日的出行記錄，去過哪些地方，以盡快應變，截斷傳播鏈，防止疫情擴散。

但是一旦提及港版健康碼要有追蹤功能，即涉及市民私隱，特區政府官員便會猶豫卻步，深怕惹市民反彈。然而，私隱擔憂其實是偽命題，是可以解決的：

一、不必要求全部港人均使用具追蹤功能的健康碼，但是進入內地者就必須使用。願意或有需要進入內地的港人，自然願意及必須接受內地的標準，這是個人選擇。而且可以像「安心出行」那樣，只在確診或被列為密切接觸者的情況下，才要求市民調出出行記錄。

二、特區政府可把開發及製作健康碼的工作外判給更具公信力的法定組織、大學科研單位去做，以提高市民的信心。

三、通關範圍可循序漸進，不必一通通全國。可以先從與香港有密切往來的深圳、珠海、中山、廣州或大灣區開始，若試行順利，市民有效使用健康碼，雙方建立了信心，才逐步通關至全國。

總而言之，與內地通關是港人首要期望，特區政府必須放下私隱心魔，盡快推出具追蹤功能的港版健康碼，提高內地政府對香港的信心。若特區政府再磨蹭拖延，就真是通關無期了。

2021年11月1日《am730》〈黎SIR事務處〉

久守必失

所謂久守必失，在農曆新年前，本港終於打破長期零本地確診個案的紀錄，Omicron 變種病毒入侵了社區，疫情急速惡化，而且專家表示可能已有多條隱形傳播鏈。特區政府隨即於 2022 年 1 月 5 日宣佈收緊多項社交距離措施，禁了堂食、關閉健身中心等大量處所，瞬間提高了港人的抗疫緊張感。一夜間又回到年半前（大約是 2020 年 7 月）疫情高峰期大家晚上趕着買外賣回家的光景，歡欣度歲的氣氛蒙上陰影，亦可想像到來自飲食業美容業健身業表演業等等業界的要求賠償之聲，將不絕於耳。

今次讓 Omicron 成功進入社區的「大功臣」，非違規的國泰機組人員莫屬，他們不遵守檢疫規定，在家居隔離期間，離開住宅，四出走動，讓病毒蔓延，終造成連環爆疫。機組人員違規，固然是相當不負責任的行為；國泰鬆散的管理，輕視從外地回港的機組人員的染疫及傳播風險，容許機組人員「客機去、貨機返」來避過檢疫，亦責無旁貸；但更重要的是，特區政府是否對國泰太過寬容？機場外防輸入措施是否仍漏洞重重？

我們已抗疫兩年，雖然香港的疫情似有緩和，但是

Omicron 在全球肆虐，歐美疫情更是非常嚴峻，美國單日有過百萬宗確診，是非常讓人擔憂的數字。特區政府沒有及早提高警覺，仍然容許這些國家地區的航班飛來香港，航空公司可以變着法子避過檢疫，外防輸入淪為空談。爆疫後才急急實施航班「熔斷機制」來禁飛，只是亡羊補牢，慢了很多拍。

此外，望月樓食客的追蹤工作困難重重，「安心出行」追蹤不了，衞生防護中心竟然要採用追蹤信用卡簽賬記錄、百達通消費記錄、翻看閉路電視等基本刑事偵緝手段來找出相關食客，實在十分諷刺。這反映特區政府兩年來在科技追蹤方面無甚寸進，「安心出行」、電子針卡、港康碼全部半桶水，「做啲唔做啲」，爆疫時要花費相當多人力物力去追蹤個案，事倍功半。

值得慶幸的是，在衞生防護中心工作人員的努力下，今次很快便識別到男測量師的感染途徑，原來是和確診國泰空姐母親在相同時段、相同餐廳內食早餐，而且兩張枱的距離很近，當時餐廳又沒有開啟鮮風系統，現場空氣轉換不足而導致男測量師染疫。這個發現非常重要，推翻了半天之前指兩名確診者在維園內相隔二十米的遠距離仍可透過空氣傳染的說法，大大降低了市民恐懼之心。

年關將至，特區政府務必在這段期間加快腳步，堵截傳播鏈，同時要追究國泰及違規機組人員，亦要盡快提升科技追蹤個案的效能，別再口口聲聲「研究研究」了！

2022 年 1 月 6 日《悅傳媒》〈棟悉港情〉

向竹篙灣無名英雄致敬

第五波疫情殺到，Omicron 變種病毒傳播力驚人，疫情急速擴散。我在 2022 年 1 月 3 日晚上應邀出席了洪為民先生的生日晚會，我在晚上六時四十五分到達，和主人家打了招呼後，大約在七時離開，期間只逗留了十五分鐘。遺憾的是，當晚嘉賓中先後有一人確診、一人（港台女主持）初步陽性（及後確認為假陽性），於是當晚所有出席者一律要前往竹篙灣檢疫中心，接受二十一天隔離檢疫。

在這次的隔離體驗中，我感受最深的是工作人員禮貌周到的服務態度，值得點讚！

話說 1 月 8 日星期五，特區政府公佈「檢疫令」後，衞生署在晚上六時左右來電，提醒我先執行李（好像孕婦執「走佬袋」那樣），他們稍後會安排車輛送我前往竹篙灣檢疫中心。至於「走佬袋」要帶甚麼東西？他們有非常清晰的提示，我就不客氣跟着提示執了一喼行李，「走佬袋」變成「走佬喼」。

待到凌晨十二時許，電話再次響起，工作人員表示四十五分鐘後，專車便會來接我。對方再次和我確認地址，又再次提醒我要帶甚麼物品，非常細心。四十五分鐘後，車輛準時到達，工作人員為我探熱，確認我體溫正常，才可以上車離開，向竹篙灣進發，沿途接了另外三位需要檢疫人士。再四十五分鐘後，我們在凌晨四時許抵達竹篙灣檢疫中心。

登記入住的過程簡單便捷，工作人員有禮貌又有耐性，安排井井有條。進入房間後，若有甚麼需要，不用打鑼打鼓，只需發個訊息，工作人員辦得妥妥貼貼。

餐點由國泰航空公司供應，是精簡版的經濟客位飛機餐。早午晚餐都有幾款菜式選擇，餐點送來時是溫熱的，不是冷飯，味道也不錯，值得一讚。此外，工作人員提供了一些特別顏色膠袋，用以盛載用完的餐具飯盒等物品，亦有書面指示如何妥善包緊這些顏色膠袋口。

我就這樣在竹篙灣睡了一覺，本來預備要在這裏度過二十一天，誰料世事峰迴路轉！第二天（1 月 9 日）即星期六傳來消息，港台女主持的個案屬假陽性，指驗出的病毒是科興疫苗的殘餘物質，女主持沒有染疫！特區政府隨即撤銷「檢疫令」，我和部分生日宴嘉賓可以離開檢疫中心。

來時有序，去時亦然。工作人員相當有效率，我在黃昏六時左右收到正式通知「可以離開」，可以乘搭晚上七時十五分或十一時五十九分的專車去青衣港鐵站，或者自行安排車輛來接，我選擇了後者。

如此這般，我結束了竹篙灣一天遊，沒有恍如隔世，但有深切體會，香港長期抗疫的背後，有一羣默默付出的工作人員，為需要接受隔離的人士安排、奔走、細心服務，請讓我在這裏向這批無名英雄致敬！

2022 年 1 月 10 日《am730》〈黎 SIR 事務處〉

突破「安心出行」盲點

特區政府當初推出「安心出行」應用程式，原意是為了方便追蹤新冠肺炎確診者及緊密接觸者，從而堵截傳播鏈，遏止疫情擴散。可是特區政府因為私隱顧慮，自綁手腳，「安心出行」半桶水，完全沒有追蹤功能，即使市民下載及使用「安心出行」，進入處所時「掃一掃」，到達記錄只是儲存於市民手機內，而特區政府則全無掌握。即使出現了確診者，甚至爆發羣組感染，特區政府並不能靠「安心出行」找出同一時段在同一處所出現過的市民。程式只是向在同一時段同一處所出現過的市民發出公告，至於市民會否根據公告去做強制檢測，會否自行現身聯絡衞生防護中心，完全要靠市民自律。換句話説，「安心出行」只是被動式存在。

望月樓羣組爆疫正正暴露了「安心出行」的盲點——國泰機組人員違反檢疫指引，在家居隔離期間，離開住所，與家人到望月樓用膳，導致其他食客受到感染。在確定確診者後，衞生防護中心卻無法透過「安心出行」快速地找到在同一時段幫襯的其他食客，反而要透過追蹤信用卡結賬記錄、八達通消費記錄，甚至要花大量人力翻查食肆及附近的閉路電視片段等等刑事偵緝手段來找尋其他食客。最後「出口術」表示可能會通緝他們，才能找齊所有食客，對分秒必爭的抗疫工作而言，既耗費了大量人力物力，亦拖延了進度。

那麼，應如何突破盲點？我有以下建議：

早前特區政府已公佈擴大疫苗氣泡，2022 年 2 月 24 日開始，所有進入表列處所的人士都要出示有效的打針證明，而目前針卡上有個二維碼，內裹有獨一無二的針卡序號，市民也可把打針記錄上載至「安心出行」。我建議在疫苗氣泡計劃中，加入要求表列處所掃描針卡二維碼的條款，特區政府推出掃描應用程式，供表列處所下載。計劃實施後，市民進入表列處所時必須出示「手機本」或「紙本」針卡二維碼給工作人員「掃一掃」，該處所便有該市民的針卡序號記錄。程式保留記錄三十天後自動銷毀。若不幸有曾進入該處所的市民確診，特區政府便能透過處所在程式內儲存的針卡序號記錄，得知有哪批市民與確診者同時段進入過該處所，加快找出這批市民，迅速有效地進行下一步的檢疫工作，包括強制檢測、隔離檢疫等等。

當然，要實施這措施，需開發一些專用應用程式，表列處所也要增加人手和掃描設備，涉及一些資源。但我相信特區政府，特別是創新及科技局，有足夠能力處理，亦希望受影響的處所負責人理解支持，做到既能有效抗疫又可以盡快恢復正常商業活動，減少限制措施。

事在人為，不在乎科技，只在乎魄力！

2022 年 1 月 13 日《悅傳媒》〈棟悉港情〉

一年容易又……無花市

一年容易又新年，本來全港市民以為今年終於可以安安樂樂過肥年，食團年飯、逛花市、拜拜年、派派利是，可是人算總不如天算，Omicron 不讓我們平平靜靜過新年。

隨着第五波疫情爆發，特區政府先後於 2022 年 1 月 5 日及 14 日宣佈重啟各項抗疫措施，包括收緊社交距離措施、禁晚市堂食、取消各項大型活動等等，包括一刀切取消十五個大型花市及大埔林村放馬莆新春市場。

猶記得去年今日，香港疫情反覆，特區政府一度宣佈取消花市，引起花農抗議。特區政府隨即改變主意，在減少攤位數量、加密人員檢測、加強人流控制等措施下，又容許續辦花市，期間並沒爆出「花市羣組」，可見上述措施發揮了效用。同時，花農靈活變通，轉移到花墟甚至是商場臨時舖位散貨，於是花墟人流如鯽，其實同樣有爆疫風險，好在大步檻過，並沒爆出「花墟羣組」。

一年過去，今年面對同樣的爆疫風險，特區政府卻沒有考慮或優化去年的方案，而是一刀切取消花市。特區政府為甚麼要這樣做呢？明知這個決定會衍生其他尾巴，花農必定會轉移到花墟及商場散貨，屆時人流湧到花墟及商場，難道爆疫風險就比花市低？特區政府的決定只是把播疫風險由場地甲轉移至場地乙、場地丙而已，其實對遏止疫情沒大效用。

食衞局局長説取消花市是兩難決定，特區政府會退還花農已繳費用及提供補助，而對於花農會另覓地方散貨，局長説會留意是否要在花墟實施人流控制措施，與及打擊非法擺賣。這些説法讓市民摸不着頭腦，轉移了爆疫風險高的場地，再實施人流管制措施，更容易產生摩擦衝突，豈不是多此一舉？希望不會弄巧反拙。

2022年1月17日《am730》〈黎SIR事務處〉

修改「完成接種疫苗」標準

2022 年農曆新年前，本港疫情急劇惡化，甚至已滲入校園，有數間中學有師生確診，執筆時特區政府公佈了全港中學停課至 2 月 7 日。歸根結底，第五波疫情是由國泰的檢疫安排引爆的。機組人員免隔離檢疫安排，理論上可行，惟執行粗疏，欠缺有效監管，惡果有目共睹，連帶影響疫苗接種、通關等等大事。

「外防輸入、內防擴散、清零」是特區政府防疫抗疫的指導思想和目標。可惜事與願違，機場檢疫防線接連出現嚴重漏洞。最嚴重的是國泰航空公司「客機去，貨機返」的做法，染疫機組人員在家居隔離期間違規進入社區，連環引發「望月樓」羣組感染及第五波疫情，香港付出沉重代價。

目前，運輸及房屋局只取消了貨機機組人員的家居隔離安排，規定貨機機組人員必須在檢疫酒店隔離七天，但是對「客機去，貨機返」是否符合特區政府防疫要求並無具體回應。國泰航空則公開表示這安排屬公司決定，並對此負全責，2021 年已有千計人次機組人員經此安排返港，期間有向當局準確申報，亦非常有信心相關做法符合特區政府的規定云云。行政長官則在 2022 年 1 月 12 日的立法會答問大會中表示「正在調查階段，而且可能有一些法律行為，政府有政府立場」。

究竟「客機去，貨機返」是否符合《香港法例》第五九九 E 章《外國地區到港人士強制檢疫規例》的規定？運房局並無給予公眾明確答案。現在讓我們看一看公開資訊：

一、第五九九 E 章第四（一）條規定政務司司長如信納某類別人士「對供應香港正常運作或香港的人日常生活所需的物品或服務屬必要」，可以豁免隔離檢疫，而須往返香港與外國地區履行職責的機組人員屬於這類別。

二、運房局在 2021 年 11 月 12 日新聞公告指出：現行適用於機組人員的防疫安排是根據風險為本的原則而定，並建基於機組人員的嚴謹閉環式運作。貨機並不運載乘客，因此並不存在與乘客接觸所帶來的潛在風險。

根據這兩點，我認為特區政府豁免貨機機組人員隔離檢疫的法律基礎和政策很清晰，客機機組人員貨機返並不符合要求，而社會為此付出沉重代價。雖然警方已檢控了兩名涉案的違規機艙服務員，但是特區政府必須要一查到底，依法追究相關公司和人士的刑事和民事責任。

除了追究國泰及堵塞相關檢疫漏洞，特區政府亦應適時檢討及修改「完成接種疫苗」的標準。據理解，防疫專家已有高度共識，一般人接種兩針的保護力在半年後會大大降低。以我個人為例，接種疫苗七個月後驗不到有中和病毒抗體，而新型冠狀病毒血清 lgG 抗體只剩四十一個單位。在接種第三劑科興疫苗後，情況截然不同，不單驗出有中和抗體，而 lgG 抗體亦最高升到二千七百個單位，三個月後仍有一千九百個單位。由此可見，先前打兩針的標準已過時。

我認為要更徹底防禦新冠重症，特區政府應盡快把「完成接種疫苗」標準更新為完成三針接種。近日因為疫情擴散，接種疫苗的市民大幅回升，這是可喜現象，但伴隨而產生的問題是輪候時間長，增開的接種點「姍姍姍來遲」，急驚風遇上慢郎中。特區政府要盡一切方法提升長者和兒童接種率到 90% 以上，要「應種盡種」、「可種盡種」，而不是「想種才種」，這樣才能建成防護網及疫苗氣泡。只有堅固防疫線，市民生活才有望遂步回復正常。

下一步便是啟動「雙循環」。「外循環」方面，目前海外疫情極為嚴峻，西方國家採取「與病毒共存」策略，結果是香港承受每日數十宗輸入個案，醫療系統的承受能力受到嚴峻考驗，特區政府逼不得已加大航班熔斷等短期手段「止咳」。壓抑輸入個案是必須的，要頂着各方壓力，堅持下去，而現時考慮對海外地區通關是不實際的，只會帶來更多確診個案。

「內循環」卻是兩碼子事。內地控制疫情的手法精、準、快、狠，效率冠絕全球。特區政府和內地相關部委商量已久，亦多番强調準備工夫已到最後階段，可惜好事多磨，如今內地及香港均有疫情，香港更面臨大爆發危機，與內地通關的期望再一次變成鏡花水月，市民只有望關興歎，無可奈何。

要通關，香港不單要替機場防疫措施做一次全面體檢，更要充分利用這個空窗期，再一次仔細檢視和完善通關的細節和熔斷機制，尤其重要的是名額分配。妥善照顧各方需求當然不易，卻是市民基本而謙卑的要求。跨境商務固然要照顧，但也要照顧跨境學童的上學問題、分隔兩地的家庭如何團聚。

但願特區政府立即行動，積極做好上述多方面的措施，有效遏止疫情，屆時通關便不是奢望。

2022年1月20日《悅傳媒》〈棟悉港情〉

「安心出行」暴露缺陷

疫情愈爆愈勁，便會有愈多市民收到「安心出行」流動應用程式發放的「強制檢測公告通知」和「潛在感染通知」，「安心出行」的缺點便更加暴露無遺，投訴也隨之增加。有市民投訴，他們在特區政府公佈了確診個案後兩天才收到「安心出行」的「強制檢測公告通知」，並且要在手機細小的屏幕閱讀長達數千字、密密麻麻的公告條文，再點擊進入「附件」，從超多頁的列表中找尋自己要做強制檢測的日期和次數，沒有金睛火眼還真是找不到！

此外，若有市民剛巧和多宗確診個案都在相同時段出現在不同地點，這位市民便會連續不斷地收到多個不同的「強制檢測公告通知」，要就不同的個案連續地做多次強制檢測。「安心出行」不懂得智慧地篩選或簡化檢測要求。

還有，「安心出行」也未能提供各區檢測中心及流動採樣站的實時人流資訊，當然也沒有預約檢測的功能。即是說，市民需要使用不同的流動應用程式、瀏覽特區政府不同的網站，才能處理各項檢測（及接種疫苗）事宜，實在費時失事。

有見及此，我在 2022 年 1 月 26 日的立法會大會上，向創新及科技局局長薛永恒提出了三項口頭質詢，要求薛局長（一）交待「安心出行」發放「強制檢測公告通知」的滯後時間有多久，（二）如何處理連續及重覆的檢測要求，及（三）增加檢測中心及流動採樣站的實時人流資訊，讓市民能適時前往人流較少的中心做檢測，免除排長龍之苦。

薛局長花了二千零九十字回答上述問題，可惜都是拉拉扯扯，不痛不癢，答非所問。

首先，薛局長強調「安心出行」「無需市民實名登記任何個人資料」、「並非用作追蹤之用」，只是「為市民提供一個便利的數碼工具去記錄進出不同場所的時間」，因此「所有資料比對及發放通知只會在用戶手機內進行及儲存」，特區政府「並沒有用戶實際收到感染風險或強制檢測公告通知所需時間的統計」。

我聽罷相當失望，沒有追蹤功能不就是「安心出行」先天不足、延緩抗疫的最大缺憾嗎？而在這講究大數據的時代，特區政府竟然沒有「安心出行」發放訊息與市民收到訊息之間的所用時間統計，還談甚麼創新科技？還談甚麼優化？薛局長還呼籲市民「應將手機定期連線至網絡，以便盡快接收最新的感染風險或強制檢測公告通知」。這個呼籲還真可笑，今時今日，還有哪個市民拿着手機沒用移動數據或不會時刻連網的？

第二，薛局長提了很多次，説因為衞生防護中心的調查、追蹤工作需時，所以發放訊息或許有時間差，懇請市民體諒云云。雖然薛局長皺着眉頭，態度誠懇，但是這個理由是說不通的，因為市民是投訴在衞生防護中心公佈確診個案兩天後才收到「強制檢測公告通知」，這段期間，衞生防護中心應已從確診患者手機取得「安心出行」的出行記錄。

我再追問薛局長，要求局長承諾盡快把要求市民做強制檢測的日期及次數要求，改列於「強制檢測公告通知」的主體內容中，最理想是市民收到「通知」便直接在第一版的當眼位置看到檢測日期及次數要求，直截了當，不用市民點擊「附件」再從官方文字大海中翻找訊息。我相信這是在程式系統上修改編碼便做得到的工序，難道還會難倒創新及科技局？為甚麼連這麼簡單又利民的要求，薛局長都唯唯諾諾，不敢爽快答應呢？

2022 年 1 月 27 日《悅傳媒》〈棟悉港情〉

以「港康碼」覆蓋「安心出行」

2022年2月，香港的疫情仍然嚴峻，Omicron和Delta變種病毒同時入侵社區，我們保不住倉鼠，葵涌邨、彩雲邨、黃大仙先後爆疫，張竹君醫生指疫情有「由黃大仙區向九龍東區一帶蔓延的跡象」，全港多區都在圍封、強檢，也有不少市民要撤到竹篙灣檢疫中心隔離。這個新年，相信很多市民都有響應防疫專家的呼籲，忍一忍，減少跨家庭拜年聚會，避免新年後疫情以幾何級數爆發。

市民盡己之力防疫，特區政府亦疲於奔命，持續抗疫、四周圍封，耗用大量人力物力，最近便緊急招募退休紀律部隊加入抗疫大軍，同時亦繼續禁晚市堂食，宣佈實施「疫苗通行證」等等，可是，從每天仍有大約百宗確診及源頭不明個案看來，特區政府仍只是在追趕疫情，而不是遏止疫情。

説來説去，要有效遏止疫情，最重要是能高速、準確地追蹤到確診者及密切接觸者，堵截傳播鏈，不讓病毒擴散開去。可惜特區政府一直拘泥於私隱保障這個誤區，不肯在「安心出行」加入追蹤功能，創新及科技局局長薛永恒甚至一再強調「安心出行」「無需市民實名登記任何個人資料」、「並非用作追蹤之用」。薛局長可能以為這樣能安市民之心，事實則是，在緊急公共衞生狀態下，公共衞生措施凌駕個人私隱。

很欣慰特區政府終於膽大了，要求市民上載疫苗接種記錄至「安心出行」作為「疫苗通行證」，更要出示才可以進出表列處所（例如食肆、學校）；若市民的「安心出行」顯示紅色標示，即市民尚未上載疫苗接種記錄（或是未接種疫苗），該市民便不能進入處所。特區政府亦接納我的建議，開發新的應用程式，處所可儲存進入處所人士的針卡二維碼，資料會加密，處所不能解讀，即不可以取出市民的資料。日後若有確診個案，特區政府可透過處所儲存的針卡二維碼記錄，找出曾於特定時段進入該處所的市民。

不過，對於高效追蹤來説，這個方法只是起步，仍有點迂迴，説到底仍是應該在「安心出行」加入實名追蹤功能。其實要做到這點並不困難，特區政府早前推出的「香港健康碼」已經要求市民實名申請，市民成功開戶後，可透過「安心出行」上傳出行記錄及疫苗接種記錄等資料到「港康碼」系統。不過，目前「港康碼」只適用於有需要進入廣東省或澳門的市民，以接駁「粵康碼」或「澳康碼」，特區政府並沒要求市民廣泛採用。

由此可見，特區政府缺乏通盤思維，沒有把不同的工具連結在一起以達致最佳效能。我強烈建議特區政府以「港康碼」覆蓋「安心出行」，要求市民實名登記，結合「安心出行」的現有功能，日後系統自動上載市民的出行及疫苗接種記錄，一旦遇上確診個案，特區政府便可高效找出密切接觸者，盡快截斷傳播鏈。

當然，特區政府絕對有責任保障市民的私隱，因此，相關資料只能依法用於抗疫用途，不可以把資料用於抗疫以外的其他用途。

2022 年 2 月 3 日《悦傳媒》〈棟悉港情〉

實現 全民自助強檢

Omicron 虎年送大禮，傳播力橫掃千軍，單是 2022 年 2 月 5 日錄得三百五十一宗確診個案，破了抗疫兩年來的紀錄！2 月 6 日的疫情記者會，專家表示估計全港有大約三百二十條傳播鏈！加上估計農曆新年後「拜年羣組」出現，確診數字將以幾何級數增加，情況讓人憂慮。

望望鄰近的新加坡，2 月 4 日也錄得破紀錄的一萬三千宗陽性個案，值得留意的是，這萬三宗個案中，只有二千多宗是透過核酸檢測確診，但有約一萬宗是透過抗原快速測試發現的。未知特區政府是否參考了新加坡的情況，行政長官於 2 月 4 日宣佈，正在採購數以千萬計的快速測試套裝，將向全港市民派發，呼籲市民「自願快檢」。

然而，上述安排尚有很多不足。首先，特區政府的反應仍是太慢，看來並非一早做好預案或準備，而是急急訂貨，那些快速測試套裝其實並未到貨。第二，雖然特區政府急急宣傳快速測試套裝的用法，連行政長官也粉墨登場，在記者會主動展示檢測工具，但是宣傳力道距離提高全民認知，仍有一大段距離。而更重要的是，屆時市民「自願快檢」檢得陽性結果，接着應該怎樣做？若個別市民因陽性而恐慌又應如何處理？如果有市民檢得陽性結果但不呈報，有沒有違法？特區政府做好跟進、處理各種可能性的法例、手續、配套、人手了嗎？接着緊隨而至的大量緊密接觸者又應如何追蹤？特區政府指正在籌備第三個「個案追蹤辦公室」，並且有逾萬名在職及已退休紀律部隊候命工作，但是這樣仍屬手動追蹤模式，為甚麼仍不善用科技，直接在「安心出行」應用程式加入追蹤功能呢？

此外，行政長官一直強調香港不做「全民強制檢測」，因為做不到全港同時封城封區，隨即有人指出「全民強檢」與「封城封區」並非相同概念，不等於必須同時進行，例如澳門便已至少做過兩次為期三日的「全民強檢」。

我建議特區政府把「自願快檢」升格為「全民自助強檢」，即是向全民派發快速測試套裝後，根據《香港法例》第五九九章《預防及控制疾病條例》，指定某星期五六日連續三天作為公眾假期，要求所有商場停業，食肆只能提供外賣，不得提供堂食，非必要公共交通工具亦須暫時停運，務求把市面人流減至最低，同時要求全港市民在該三天內利用快速測試套裝進行自助檢測，配合適當的呈報手續及其他配套措施、後續安排，期望至少可揪出部分隱形傳播鏈，盡快處理。

當然，上述安排仍非完美，特區政府有必要盡快調節抗疫策略，加強檢測量、加快追蹤能力，甚至要徵召更多酒店作為隔離設施等等，否則待疫情惡化至每日千宗時，則說甚麼都太遲。

2022 年 2 月 7 日《am730》〈黎 SIR 事務處〉

祖國永遠是香港的堅強後盾

祖國永遠是香港的堅強後盾。回顧歷史，香港每次遇到危機，都因為有祖國的支持及援助而大步檻過。遠至六十年代水荒，國家以「東江水越山來」供港解困。回歸後的亞洲金融風暴，香港在國家支持下擊退金融大鱷。2003 年「沙士」，中央政府二話不説，命令內地工廠二十四小時開工，為香港製造口罩，送給香港抗疫；後來又推行「自由行」提振香港經濟。2019 年黑暴，中央政府果斷通過全國人大及其常委會訂立《港區國安法》、完善選舉制度，讓香港的政治及社會秩序重回正軌。

新冠疫情肆虐全球，內地及香港未能獨善其身。內地控制疫情十分成功，也從不吝嗇支援香港。2020 年中央便曾派「國家隊」來港，提升火眼實驗室的檢測量，支援香港的「普及社區檢測計劃」。

香港在疫情下算是偷安了一段日子，可惜不敵 Omicron 來襲，第五波疫情把特區政府攻得措手不及，進退失據。四周圍封、強檢，很多市民要停工停薪去排長龍，苦不堪言。而為趕在 2022 年 2 月 24 日「疫苗通行證」實施前「有打針」，市民要四周「撲針打」，可是疫苗接種中心甚至私家診所的預約都已爆滿。此外，愈來愈多行業要停運停業，即是愈來愈多市民無入息。抗疫措施好像很嚴厲，但是市民望着日創新高的千多宗確診數字，感覺是愈抗疫愈擴疫，民怨日深，終發生大圍新翠邨檢測站縱火案（2022 年 2 月 12 日）。

抗疫兩年，特區政府似乎未有好好學習內地的成功經驗，卻盲目堅持自己的想法，認為內地的方法在香港「行不通」，特別是一直不肯也不敢推出有追蹤功能的「安心出行」（或其他程式），行政長官甚至一度聲稱未能解釋何謂「動態清零」（及早發現、快速處置、精準管控、有效救治），因此一直做不到精準抗疫，終於被 Omicron 攻陷。

猶幸當香港站在抗疫臨界點的時候，中央政府再次展現對香港的關懷，聯同廣東省政府及深圳市政府，與特區政府召開了「第二次內地與香港新冠肺炎疫情專題交流會」，承諾全力支援香港的抗疫工作，將確保鮮活食物、蔬菜及生活必需品的供應，亦將成立多個「專班」（專家小組），針對性地加快進行流行病學調查、個案追蹤、建設檢疫設施、提供醫療物資等等。

既然有國家的支援，特區政府更應盡快疏理抗疫缺漏，優化措施，包括：

一、說好的已訂購千萬包自助快速檢測包，何時抵港，何時及怎樣快速分發給全港市民？

二、應清晰指示若市民做快速檢測得陽性結果，究竟應該怎樣做？去或不去急症室、指定診所？怎樣通知有關當局？不能朝令夕改，市民無所適從。

三、應安排運輸專隊（例如徵用幾近荒廢的旅遊巴、校巴車隊），專責接載初陽市民到指定地點或設施，進行核酸覆檢，再按覆檢結果分類，重症入院，輕症隔離。

四、目前隔離設施不足，即使加建，落成速度及床位數量都追不上 Omicron 的傳播力；建議特區政府運用《香港法例》第五九九章《預防及控制疾病條例》，徵用偏遠地區的酒店羣作隔離之用。

五、不單要增加檢測能力，更要增加「打針能力」，要求中央政府派遣「打針隊」（注射員算是技術人員而不是醫療人員）來港，提升各個疫苗接種中心和護老院的「打針量」。

六、個人資料私隱專員鍾麗玲女士已在 2022 年 2 月 10 日的立法會政制事務委員會會議上，清楚說明「安心出行」加入追蹤功能並不違反《個人資料（私隱）條例》，不涉侵犯私隱，特區政府應放下包袱，勇敢地在「安心出行」加入追蹤功能，從而達致「及早發現、快速處置」。

七、制訂更有效率緊急方案，發動私人執業醫護充分分流和減低公營醫療壓力。

最後一點，期望財政司司長在 2022 年 2 月 23 日宣佈的《財政預算案》，大破慳囊，應使就使，推出全面紓困措施，精準支援受疫情重創的各行各業，特別是自由業者、零散工人、手停口停的基層市民，救黎民於水火，莫讓市民累積更深的怨懟。

2022 年 2 月 14 日《am730》〈黎 SIR 事務處〉

抗疫攻防戰，香港必須贏

香港目前正面臨抗疫臨界點，2022 年 2 月 16 日喜傳國家主席習近平「控疫壓倒一切，中央全力援港」的重要指示，強調香港特區政府要「切實負起主體責任」，做到「三個一切」及「兩個確保」，即「特區政府要把穩控疫情作為當前壓倒一切的任務」，「動員一切可以動員的力量和資源」，「採取一切必要的措施」，從而「確保香港市民的生命安全和身體健康」，「確保香港社會大局穩定」。

再加上中央政府剛於 2 月 12 日，聯同廣東省政府及深圳市政府，與特區政府召開了「第二次內地與香港新冠肺炎疫情專題交流會」，接納了特區政府的各項支援請求，指示了廣東省及相關部門全力提升香港的抗疫能力，成立由國務院港澳辦和國家衛健委牽頭的中央粵港三方工作協調機制，加大工作統籌和協調力度。前後不過五天，中央政府已兩度向香港表達了高度關愛及全力支援的決心，抗疫攻防戰，香港必須贏。

香港這場抗疫攻防戰，足足打了兩年，期間經歷多少起伏，之前算是克服了四波疫情，亦曾試過長時間清零。可惜好景不常，Omicron 來襲，海嘯式極速把我們的防線攻破，染疫市民幾何級數上升，2 月 16 日便有四千二百宗確診個案，更發生了三歲女童確診者離世事件，社會大眾心酸難過。

面對 Omicron 的超強傳播力，特區政府先前累積的抗疫經驗似乎已應對無效，目前的抗疫形勢相當嚴峻，如今在中央政府全力支援下，特區政府必須大刀闊斧，改弦易轍，「動員一切可以動員的力量和資源」，針對性全方位多條腿走路，除了要在檢測、收治、隔離、醫療物資、日常用品、其他鮮活蔬菜物資供港等方面做工夫，我還有以下十點建議：

一、個人資料私隱專員鍾麗玲女士已在 2022 年 2 月 10 日的立法會政制事務委員會會議上，清楚說明「安心出行」加入追蹤功能並不違反《個人資料（私隱）條例》，不涉侵犯個人私隱，特區政府應該放下包袱，果斷地在「安心出行」加入追蹤功能，從而達致「及早發現、快速處理」的目標。

二、現時，快速檢測陽性的市民只可以請家人到派發點索取深喉唾液樽再做檢測，這個安排要改善，因為樽仔「一樽難求」。特區政府要制訂機制確保他們的親友可以適時取到樽仔，在人手許可下，送樽仔上門。

三、除了要盡速安排已訂購的一億套快速檢測包運到香港，有計劃有秩序地派發至為重要。特區政府要發動包括政團、地區社會團體等各方力量，把快速檢測包及時分發給感染人士家庭，強檢大廈居民、老人院、高危行業從業員和羣組等，最後做到派送全港家庭。

四、雖然特區政府已在電視台播放自我快速測試的教學宣傳片，但覆蓋率和市民認知率仍然不足，很多市民也不懂得怎樣自助檢測。特區政府要透過地區組織網絡、社交媒體廣告，加大宣傳力度，清晰教曉市民怎樣做快速檢測和解讀結果。

五、外傭在假日超過二人聚集的問題極普遍，要馬上正視及制止。單憑執法部隊勸喻效果不彰，建議特區政府邀請相關領事館代表在假日一起落區解說，並果斷執法開罰單，以收實際效果。

六、公立醫院收治患者已超負荷，政府要拿出更有效率方案，發動佔全港一半的私人執業醫護力量，分流和減低公營醫療的壓力。

七、很高興醫管局開設了七間指定診所，一星期七天應診，但每天名額只有一千，已有市民投訴指電話長期「打唔通」。特區政府應適時增加名額和延長指定診所的服務時間，直至供求平衡為止。

八、特區政府從 2022 年 2 月 18 日起安排的士專隊，接載有輕微病徵的感染市民到指定診所就診，不收費的決定也避免了感染市民要用現金支付車資會帶來的交叉感染風險。但我必須指出，這個安排必須建基在特區政府能夠對相關司機提供足夠個人保護裝備，擋隔車廂前後座的保護設施和載客後車廂消毒程序的線上或視頻培訓，切勿只單單發出一紙書面指引了事。

九、目前隔離設施不足，加建需時，落成速度及床位數量都追不上 Omicron 的傳播速度。特區政府應加大力度，或者馬上行使《香港法例》第五九九章《預防及控制疾病條例》的權力，徵用適合的酒店和其他場所作隔離治療之用。

十、接種疫苗最有效、最實際。很多長者、兒童都行動起來去打針，但無論疫苗接種中心或私家診所都爆滿，輪候需時。現在的情況已經倒轉來，變成「想打針卻無得打」。我亦留意到特區政府的宣傳仍然說派出外展隊去學校打針，但學校已經停課，外展到校接種計劃變成空中樓閣，特區政府應該安排接種中心加班加點，並充分利用各區學校禮堂，轉化為接種點，若果人手不足，便要尋求外援。

傳媒最新披露特區政府計劃推出不禁足式全民強檢，利用身份證號碼分三批在三星期內完成。如果成事，實屬很好的消息。最後，我期望財政司司長在 2022 年 2 月 23 日宣佈的《財政預算案》，大破慳囊，應使就使，推出全面紓困措施，精準支援受疫情重創的各行各業，特別是向低收入的零散工友、手停口停的基層市民、自由工作者派救急錢，救黎民於水火，莫讓市民累積更深的怨氣，影響社會穩定。既然有國家的支援，特區政府必須領導香港人團結一致，發揮獅子山下精神，不分你我，共負責任，凝聚最大力量，以最大的公約數，盡快擊退疫情。

2022 年 2 月 17 日《悅傳媒》〈棟悉港情〉

抗疫，許勝不許敗！

猶記得早前專家們預測，香港的確診數字將以幾何級數暴升，很快便會日破萬宗。言猶在耳，預言迅速應驗，單是2022年2月19日便有六千多宗確診個案，另有七千多人初步確診。伴隨着確診數字而來的，還有每天兩位數的死亡個案，與及眾多長者在寒風下瑟縮於醫院門外帳篷的畫面，特別是有三歲女童染疫離世，亦有九十歲長者從亞博館被轉移至北大嶼山醫院後竟然被置戶外停留了七日！凡此種種，讓人心酸，更難以想像是在香港發生！

然而，我們必須明白，Omicorn 傳播力之快速，一下子攻陷了醫療系統。醫院不是不想接收患者，而是缺乏地方、缺乏床位。在隔離負壓病房早已用盡的情況下，醫院若在缺乏足夠保護設施的情況下，一下子接收更多確診患者，會不會導致院內爆疫？因此，盡快增設更多醫療及隔離設施，才是關鍵！當隔離設施或床位的數量追過 Omicorn 的傳播速度，我們便有機會打敗病毒，遏止疫情。

硬件重要，軟件更不可少，即使公營醫院的醫療人員日以繼夜地無私工作，仍難以全面照顧排山倒海而來的病人。特區政府應盡快號召更多私家醫生、退休醫護，加入抗疫醫療大軍，甚麼「公私營協作計劃」這些條條框框，應「放埋一邊」。此外，特區政府更應請求中央政府派內地醫護人員來港協助治理病患，內地既能戰勝疫情，醫護人員自然有豐富的抗疫經驗和能力，若這時候仍有人說甚麼「香港醫生以英文寫病歷，內地醫護說普通話寫簡體字」，從而反對內地醫護援港，那是相當傲慢及無知。

繼習近平主席發出「控疫壓倒一切」的重要指示，國務院港澳辦主任夏寶龍亦主持了三次「支援香港抗疫工作協調會議」，領導各部門積極快速地調動各種資源和力量。正如夏主任所說，「非常時期要有非常之舉」，在國家全力號召下，如今香港各界終於真正地動員起來，要地有地、要人有人、要車有車、要房有房、要菜有菜，這是很好的進展。下一步是全民強制檢測，雖然過去行政長官多次表示不會做，如今也在國家督促支援下改變了想法，這也是很好的改變，特區政府應盡快制訂及公佈詳情，讓全民配合。

更重要的是，在「控疫壓倒一切」、抗疫許勝不許敗的大前提下，行政長官選舉亦押後至 2022 年 4 月 3 日才開始提名期，5 月 8 日投票。換句話說，特區政府其實是訂定了這場抗疫戰的時間線，但願在這段期間，疫情能大大紓緩，香港能順利地選出下一任行政長官。

2022 年 2 月 21 日《am730》〈黎 SIR 事務處〉

全民強檢怎樣做？

在 Omicorn 的強力猛攻下，社會討論全民強制檢測已久，行政長官一直傾向「不做」，認為香港做不到全民禁足因此做不到全民強檢，又指 2020 年的「普及社區檢測計劃」成效不彰等等。直至國家主席習近平發出「控疫壓倒一切」的重要指示，行政長官變了口風，終於在 2022 年 2 月 22 日預告將於 3 月推行全民強制檢測。

行政長官預告的強檢計劃是：（一）學校於 3 月至 4 月提早放暑假，以騰出大量校舍做檢測中心；（二）市民根據身份證的出生年份，分批做檢測；（三）每位市民將在三星期內強制檢測三次，而在每次強檢期間需每天做快速檢測；（四）禁晚市堂食、關閉大量表列處所等各項社交距離措施延長至 4 月 20 日。

上述預告一出，掀起社會新一輪討論，很多聲音質疑若不禁足，強檢又有何用？有政府專家顧問便認為強檢要配合禁足才有足夠成效。新民黨亦認為上述安排並不理想，首先是需時三星期實在太慢，第二是根據出生年份也不是最好的安排。

怎樣才能做好全民強制檢測，達到「須檢必檢」的目標，我在這裏說說愚見，供特區政府考量：

一、強檢開始日（D-day）前七天，一切設施就位。D-day 要訂在星期五，強檢的具體安排要在 D-day 七天前起，二十四小時廣泛宣傳，讓市民清楚了解及有足夠時間準備生活所需和上網預約，亦有利特區政府靈活調撥和增加資源應付地區需求。

二、檢測工作人員、執行公務的政府人員、公私醫護、民生所需人員；超市、街市、公交、運輸、金融運作等人員和家屬，必須在 D-day 三至七天內到居住地區的檢測中心完成第一輪檢測並取得陰性報告，之後每天做快速檢測。特區政府發出工作證以證明人員的工作需要。提早檢測可以測試運作機制，使工作人員更熟悉運作，有利正式强檢開展。

三、D-day 起全港禁足三天（星期五六日），期間檢測中心二十四小時運作，完成以「同住家庭」為單位的第一輪強檢，嬰兒免強檢。

四、每三天完成一輪全民強檢，爭取在十天內完成三輪；以「同住家庭」為單位，這樣便毋須以市民的出生年份或身份證上的字母順序作為先後檢測順序。一家人盡量一齊去可以增加檢測率。

五、大力鼓勵網上預約，盡量減低市民的輪候時間和登記手續。市民網上預約要呈報居住地址，由電腦系統安排時間和檢測地點；電腦系統以不跨區檢測為安排準則，最理想是在居住地址五百米範圍內，因此必須大量徵用學校。不良於行、長期臥床、護老院院友、偏遠地區居民等則以到戶接送、上門檢測或用深喉瓶代替。

六、市民完成強檢後，仍要每天做快速檢測。「同住家庭」成員均陰性者，可以外出到區內超市、街市購買生活必需品。

七、檢測陽性者要在二十四小時內隔離，「同住家庭」成員要留家或送檢疫中心檢疫。

八、視乎實際情況，個別區域仍要在第二、第三輪的強制檢測期間禁足。

九、有管理公司的大廈、屋邨，由管理公司協助安排居民網上登記檢測和聯絡民政署轉達居民需要，沒有管理的樓宇則由志願地區團體協助安排。

此外，有意見認為強檢期間市民要佩戴電子手帶以作監察，但是電子手帶必須配合智能手機及藍牙技術使用，市民容易規避；誠懇地呼籲市民自律可能更為有效。

最後，要在短時間內完成全民強檢，大前提是要有：（一）鋪天蓋地的清晰宣傳及資訊，（二）大量而足夠的檢測中心及人員，及（三）大量而足夠的治療及隔離設施；希望在國家動員及全力支援下，硬件及軟件的配套都能盡快到位。

2022 年 2 月 24 日《悅傳媒》〈棟悉港情〉

內地隔離大不同

想不到2022年才過了兩個月，我已親身經歷兩次隔離，第一次在竹篙灣，第二次在深圳。

由於閃電出席了1月3日的「洪門生日宴」，我和部分官員議員都要在竹篙灣檢疫中心接受隔離，當時入住了一天一夜後得以離開。我亦撰文表達了對竹篙灣前線人員的感謝（〈向竹篙灣無名英雄致敬〉，1月10日）。竹篙灣的隔離房間麻雀雖小，五臟俱全，基本設施齊備。身穿藍色防護衣、戴着面罩口罩的工作人員把一日三餐送到房門口時會敲敲門，隔離人士自己把飯餐拿進房內。病毒檢測亦在房門口進行，通訊或求助利用whatsapp等等。

這次，我是赴京參加「兩會」，原定行程是2月24日先到深圳隔離七天再隨隊上京，3月11日回港。奈何發生變故，因為同車赴深的一位政協委員檢測呈陽性，全車同仁均列為密切接觸者，要留在深圳接受二十一日隔離，3月17日才能回港，隔離期比會期更長。無緣上京參加「兩會」，當然失望，不過卻讓我親身體驗了內地防疫要求之高之嚴。

首先，我們在香港啟程前都要取得二十四小時內的核酸檢測陰性證明，登上旅遊巴時人人都戴着面罩和 N95 口罩，在車上也坐得疏落。過關時，每位乘客都要下車做一次鼻咽拭子採樣。採樣人員的工序非常嚴謹，每為一位乘客採樣後，都小心消毒周圍環境，又在自己戴着的膠手套上噴灑消毒液，然後捽手三四十秒之久。採樣的動作非常規範，「撩鼻撩喉嚨」「撩」得相當深。

第二，工作人員的防護裝備也很完備，全身穿着全套保護衣，戴着面罩和 N95 口罩，腳上的鞋也套了鞋套，名副其實是「由頭笠到落腳」。

完成過關採樣後，旅遊巴便向深圳華僑城的密閉管理隔離酒店進發。抵達酒店時，首先是由工作人員取出我們的全部行李，逐件噴灑消毒液後，才讓我們乘客逐個下車取行李，每次只可一人下車，而且是上一位乘客完成一個程序、向前移動後，下一位乘客才可下車，即每個程序都是「得你一個人」。

我拿着自己的行李到第一個櫃位，工作人員不單要求我用酒精搓手二十秒，然後要我戴上一次性外科手套，而且連我的手提行李也不放過，照樣向手提行李噴灑消毒液，消毒一番。之後，戴着外科手套的我就前往第二個櫃位拿取房卡，再前往乘搭升降機。值得留意的是，我由下車到乘搭升降機，全程都是一條密封通道，我的前面後面也沒有其他人，只有我自己一個人帶着行李上樓去。

抵達酒店房間樓層，全副武裝的工作人員領我到所屬房間，我見每道房門外都有兩樣物件：一張椅子、一個腳踏式垃圾筒。

根據內地防疫規定，隔離人士甫踏進房間便不可以離開，工作人員會在指定時間段把一日三餐放在房門外的椅子上，但是他們不會敲門通知，隔離人士可透過門上的防盜眼望出去，若確認食物已在椅子上，便可打開房門拿食物到房內進食。此外，隔離人士必須把每天的垃圾放入一個黃色印有「醫療廢物」字樣的膠袋內、綁好，然後放入門口的腳踏式垃圾筒。隔離人士必須戴上口罩才可打開房門，亦必須每日探測體溫兩次。此外，工作人員定時在走廊噴灑消毒液，他們送飯送物資都會「錯開」彼此，不會讓相連房間的隔離人士同時段打開房門，大大減低感染風險。

入住第二天早上，有工作人員來做採樣檢測。當天下午，收到電話通知，因為同車有人確診，我們被列為密切接觸者，需要轉移到另一間隔離酒店，繼續隔離直至 3 月 17 日。雖然這通電話簡直是晴天霹靂，上京開會成泡影，不過在疫情如此嚴峻的情況下，措施嚴厲是必須的，這就是內地總能在疫情爆發初期便迅速堵截傳播鏈的原因。而且我們由登上旅遊巴到在酒店隔離，每個細節都是經過仔細設計的，這些都值得香港借鏡。

2022 年 2 月 28 日《am730》〈黎 SIR 事務處〉

內地防疫的封控區、管控區和防範區

大抵有些讀者知道，我本來要上京參加「兩會」，但因為同車赴深的一位政協委員檢測呈陽性，全車同仁均列為密切接觸者，要留在深圳隔離二十一日，2022 年 3 月 17 日才能回港。執筆這天（3 月 2 日）是隔離第七天。

這七天，人在隔離酒店，足不出房，卻見識了深圳防疫隔離工作是如何規範化，標準比香港高很多。猶記得隔離第一天便有醫生到訪，了解我的身體狀況及病歷史後，要我戴上一個很薄的透明膠手臂套，手臂套長長的，長到可以放上膊頭，然後量血壓，完成後脫下手臂套，工作人員要求我立即用消毒酒精消毒雙手，非常嚴謹。採樣檢測也很頻繁，而且是「咽喉或鼻子」、「咽喉及鼻子」兩種拭子採樣都要做。

檢疫人士不可以叫外賣食物來酒店，但是可接受外來物資，所有外來物品都要經過酒店前台消毒，才由工作人員送到房門口。每天，穿着高規格保護裝備的人員會按時把一日三餐送到房門口，隔離人士按時自己打開門領取。「打開房門」有三大規定：（一）隔離人士必須戴好口罩，（二）必須先關上所有窗戶，及（三）打開房門後必須立即取東西進房間並且立即關門；即隔離人士不可在走廊逗留，當然也不可在走廊和其他人攀談。

日間主要以電視為伴，我從電視節目了解到深圳的圍封強檢，和香港的圍封強檢，完全不是同一回事。

在深圳，當某地區發現一宗確診個案，便會立即封區，並在封區範圍內再劃分三個區域：

第一個區域是「封控區」，即是最核心的圍封地點。封控區內所有居民都不可以離開，實施的管制措施是「區域封閉，足不出戶，服務上門」，即是所有居民不可以離開居住單位，任何需要都有人員「送上門」，包括送上生活必需品、餸菜等等，核酸檢測也由採樣人員上門為你檢，不用居民下樓排隊。

封控區實施的措施最嚴厲，以減低病毒擴散的風險，精準管控疫情；但是負責「服務上門」的人員的感染風險則很高，因此他們都是穿着特別高規格的防護裝備的。

在封控區外圍圍一圈的是「管控區」，範圍比封控區大，實施的管制措施是「人不出區，嚴禁聚集」，即是居民可以在區內走動，但是不能聚集，也不可以離開管控區。

管控區內的居民可以叫外賣飯餐，親戚朋友也可以送物資來，外賣或物資需放在管控區外圍的物資收發站，區內居民自行到收發站領取，區外人士則不能進入。若管控區內的居民有醫療需要，可以撥通「暖心服務熱線」，工作人員會安排醫生到管控區外圍的醫療站為居民診症。

第三個區域則是再在管控區外圍圍一圈的「防範區」，實施的管制措施是「強化社會面的管控，嚴格限制人員聚集」，即類似香港的限聚令，居民要掃碼才可進入。

所謂見微知著，了解上述三個區域的控疫做法後，讓我加深對內地防疫工作的了解，這就是中國國家衞健委新冠疫情應對處置工作領導小組專家組組長梁萬年於 2022 年 2 月所說明的，「動態清零」不等於追求零感染，而是「快速發現，快速處置，精準管控和有效救治」。再對比一下特區政府的「作為慢，動作不夠快，措施不落實」，或許就是香港第五波疫情一發不可收拾的原因。

2022 年 3 月 3 日《悅傳媒》〈棟悉港情〉

以投身抗疫的實際行動來踐行就職誓言

第五波疫情愈爆愈失控，單日確診個案逾五萬，每天上百人去世，不單市民憂心忡忡，中央政府更是操碎了心。習近平主席發出「抗疫壓倒一切」的重要指示；國務院副總理韓正向行政長官轉達了習主席的命令，要求特區政府在數週內控制疫情；港澳辦主任夏寶龍主持了七次支援香港抗疫協調會議，為香港調動源源不絕的抗疫資源、興建方艙醫院等設施；最高級別的內地專家、國家衞健委新冠疫情應對處置工作領導小組專家組組長梁萬年與一批批抗疫專家親自來港指導，指出「動態清零」遵循的是精準防控，避免疫情擴散到全國其他地區；最新的傳媒報導更指有「中央抗疫第一猛將」之稱的副總理孫春蘭，亦已就香港抗疫工作發出各種重要指示；反映中央政府非常關注香港的疫情，既有堅定支援香港抗疫的決心，同時亦擔心香港的疫情會擴散至內地。

中央官員耳提面命，港澳辦主任夏寶龍更說「特區政府的負責官員要勇於擔當、勇挑重擔、發揮好組織領導作用，以投身抗疫的實際行動來踐行就職誓言」，這番話的意思十分嚴厲，責備意味也重。那麼，特區政府究竟說了甚麼？又做了甚麼、沒做甚麼？

說要「快、狠、準」地抗疫，但是第五波疫情自 2022 年 2 月爆發以來，短短一個月已超過四十二萬人確診，而且普遍認為真正的確診數字遠遠高於此數；累計死亡個案已逾一千一百宗，當中包括十一個月大的嬰兒、三歲大的女童，也有年逾百歲的長者，犧牲了那麼多生命讓人非常痛心，後續還引發大量遺體堆積殮房未及處理的問題，香港淪落到如此地步實在叫人不敢置信。

說要「谷針」，卻一直谷不起來，特別是高危的長者及兒童羣組，疫苗接種率仍是十分低。特區政府老早說會派外展隊到護老院舍為長者打針，卻接連有傳媒揭發計劃進展異常緩慢，甚至有私營醫療機構因為院舍爆疫而不肯前往。長者的低接種率造成高爆發率及高死亡率，全港累計有七百多間護老院舍爆疫，而八十歲以上沒打針的長者死亡率高達 8.6%，是有打針的五倍。那邊廂，教育局局長指會派外展隊到學校為學童打針，促學校統籌，但是學校從 3 月 7 日起便「提早放暑假」。

說要推出快速測試陽性呈報平台，讓市民自行呈報陽性個案，可是說了一天、兩天、一星期，仍是只聞樓梯響，最終衞生防護中心傳染病處首席醫生歐家榮表示，因為該平台涉及「複雜技術細節及安排」，推出無期。可是在這段期間，市民卻「錯把馮京作馬涼」，湧到只供核酸測試初陽患者使用的另一平台「2019 冠狀病毒病病人網上申報表格」登記。特區政府發放資訊的混亂程度，真的不知應怎樣形容。

說要在 3 月份做全民強制檢測，當初說禁足「不現實」，後來又說「評估中」，說在 3 月份做，又好像要待到 4 月，傳媒的「獨家消息」一浪接一浪，坊間謠傳萬千版本，但是特區政府到今日仍未能清晰公佈計劃詳情，弄得人心惶惶，市民搶完食物搶藥物，超市比疫情更早清零。

還有，行政長官一度說未能為「動態清零」給出權威解釋，因為她「不是始作俑者」。內地最高級別抗疫專家梁萬年則給出權威解釋，「動態清零」不等於追求零感染，而是「快速發現，快速處置，精準管控和有效救治」，但是總結起來，特區政府卻是「作為慢，動作不夠快，措施不落實」，難怪中央官員的訓示一次比一次嚴厲，特區政府官員們該好好反省。

2022 年 3 月 7 日《am730》〈黎 SIR 事務處〉

抗疫針灸「扎」哪裏？

第五波疫情爆發至今，單日確診個案以幾何級數上升，一度升至逾五萬、近六萬一天，若計及隱形患者和快測陽性但沒呈報的個案，數字應該不止此數，這情況不單嚇壞市民，也嚇窒特區政府。直至這幾天，單日確診數字回落至大約三萬，但是否表示疫情已見頂甚或已受控呢？我看未必。大抵正如專家所指，疫情在「平台期」，並且將會「橫行」一段時間。至於「橫行」多久才會真正回落，或者回落的速度有多快，則視乎目前的抗疫措施是否有效。

2022 年 3 月 11 日，全國政協副主席、國務院港澳辦主任夏寶龍在「兩會」閉幕後，隨即召開了支援香港抗疫工作第八次協調會議。他指出目前形勢「嚴峻複雜」，抗疫工作要「精準研判，既不能急躁，也不能鬆懈」，工作方式要像「扎針灸」一樣精準、到位。

那麼，這支抗疫的「針」，應「扎」在哪裏？

截至 3 月 12 日的統計數字，第五波疫情累計有三千五百一十六人死亡，染疫死亡率達 0.53%，當中 89.5% 沒有接種疫苗；死亡個案的年齡中位數是八十五歲，當中佔

95% 是六十歲以上、70% 是八十歲以上的長者；而在八十歲以上的死亡個案中，91.4% 是沒有接種疫苗的。安老院舍方面，至今已有七百四十二間院舍爆疫，佔全港院舍 51%；而在死亡個案中，逾 58% 是本居於安老院舍的。換句話說，長者及安老院舍是高死亡率的缺口，抗疫「針」應「扎」在這裏。

要盡快為安老院舍的長者接種疫苗，是人所共識。可惜之前爆出外展接種計劃進展緩慢、有私營醫療機構因為院舍已爆疫而不肯前往等負面新聞，即使特區政府早前宣稱將於「兩週內」為安老院舍的長者接種疫苗，但是原來「院舍新冠疫苗外展接種協調中心」要拖至 3 月 9 日才成立，而目前的院舍首針接種率只有 52%，看來特區政府要再加把勁。

二是要增加安老院舍護理人手，社會福利署以三萬多元月薪招聘本地照顧員，勞工及福利局副局長還公開自己的電話號碼做招聘聯絡，但是特區政府說人手招募存在困難，看來還要開拓更多招聘渠道才行。

近日社會流傳醫院內部屍袋遍地的相片，也有前線醫護在社交平台發表壓力爆煲的帖文，更甚是伊利沙伯醫院急症室主管、顧問醫生何曉輝在員工大會中，說到很多病人因為上不到病房而滯留急症室，何醫生感觸落淚，感慨「同事們捱得好辛苦」，在在都反映公營醫療系統已經超負荷，抗疫「針」也應「扎」在這裏。

國家衞健委新冠疫情應對處置工作領導小組專家組組長

梁萬年清楚指出應建立「分層分流的診療體系」，夏寶龍主任也強調特區政府要「強化部門間統籌協調、全面提升救治能力」，為此，特區政府已把伊利沙伯醫院定性為專治新冠患者的指定醫院，亦要求私家醫院全力配合，為輕症確診者提供診治，接收公立醫院的非確診病人等等。這些整合都是必須的，未來，特區政府更應視乎實際情況，決定是否把其他醫院也轉為指定醫院。期望這些整合安排能讓前線醫護更有系統更有效率地救治病人，而不是一團糟地團團轉。醫護人員是抗疫戰的橋頭堡，我謹在此向他們致敬。

此外，抗疫「針」也應「扎」在治療藥物上。除了內地源源不絕提供的中成藥，報導指醫管局已向默沙東和輝瑞兩間藥廠採購了口服藥，但是口服藥主要是給輕症者使用，暫時沒數據顯示對重症有效。因此，我認同有專家指，應盡快增購口服藥，並且分發給十多間確診指定診所，以治療輕症患者，減低他們變重症甚至死亡的風險，亦有助減低醫院的負擔。

中央政府這支援港抗疫「針」已精準地「扎」在香港多個抗疫病灶上，未來要看特區政府能否好好統籌，有效發揮，謹記 ——「不能急躁，也不能鬆懈」。

2022 年 3 月 14 日《am730》〈黎 SIR 事務處〉

深圳公務員「原地變身」抗疫義工

香港抗疫兩年，特區政府對於是否封城、是否要做全民強制檢測，態度變完又變。行政長官由以往指全民強檢成效不彰，到 2022 年 2 月 22 日突然宣佈「提早放暑假」，以騰出校舍在 3 月份做全民強檢，到 3 月 9 日又說全民強檢「並非優先工作」，有人戲謔全民強檢已變「傳聞強檢」。豈料深圳於 3 月 14 日突傳「封城七日、全民做三次強檢」的消息，這時候行政長官的回應竟變成「恐怕（香港）未達相關能力水平」。

究竟深圳是甚麼能力水平？

深圳本來疫情輕微，但香港爆發第五波後，不少港人北上避疫，從而輸入了香港個案，南山區、羅湖區、福田區等多個地區發現確診個案，日前深圳單日新增六十六宗感染個案，深圳市政府當機立斷，快狠準地宣佈立即封城七日，二千萬人口要在七天內做三次強檢。

深圳做得到，自然有其原因，其中一點與香港大不同的，是深圳的戶口管理制度行之有效，通過街道辦、防疫控制室，當局能掌握居民的情況，也更方便動員。據知當要動員做圍封、強檢甚至封城這類大型行動時，公務員、公職人員、國營機構人員等（必要服務提供者除外）便要「原地變身」，意思是要向自己居住地點的街道辦、防控辦「原地報到」，自動變成該區的抗疫義工，分擔該區的防疫工作。新聞報導可見他們身穿的保護衣或印有所屬單位的標記。換句話說，深圳龐大的公務員隊伍會在一夜之間散佈全市各地。

這個做法和香港完全不同，目前特區政府的做法是委派某局某署某部門「承包」某屋邨某屋苑某大廈的圍封工作，即公務員仍然以其所屬部門為依歸。而由於不同部門的行動經驗不一，圍封過程及標準未必劃一。

第二，要二千萬人在七天內完成三次強檢，檢測站的數量一定要多、非常多。深圳有句話説「走十五分鐘一定有檢測站」，可見其檢測站的數量何其多。此外，深圳居民願意配合政府措施，他們會收到街道辦、防控辦的短訊，按時段分批有序地到檢測站做檢測。老弱傷殘者若未能自行前往檢測站，街道辦會派「服務保障隊」流動上門，為他們採樣。早前新民黨建議參考區議會的選區劃分及投票站數量來籌劃全民強檢，以做到檢測站「梗有一間喺左近」，不用市民跨區檢測，便和深圳的做法異曲同工。

第三，當局會確保居民生活物資不缺，因此區內會設有後勤保障組、關愛組、愛心服務民生熱線組等等不同小組，人員會聯絡居民確保安好，會上門送餐送物資，會收垃圾保衞生。例如有報導說的「兩日一送」，便是指每兩日派送一次生活物資包，而包裹食物及物資會至少足夠居民的兩日所需。如若居民有醫療需要，可以致電「暖心服務熱線」尋求協助，有區域設「分層級就醫機制」，甚至有產檢小分隊！相對於香港的抗疫物資分發一時不足、一時過盛，有時物資錯配，有時病人已由陽轉陰才收到物資包，深圳的做法有系統得多。

香港的全民強檢，由公佈變傳聞，已過去一個月，深圳雷厲風行，等如為特區政府做一次示範。2022 年 3 月 15 日，深圳科技大學的黨委書記及校長向全體師生發出公開信，説「這次疫情，讓深圳面臨 2020 年以來最嚴峻的考驗，傳染速度極快的變異病毒，反覆衝擊疫情防線。深圳能夠做的、必須做的，就是強守」、「這一波疫情中，沒有任何一個深圳人能置身事外，全部躬身入局」、「我們只要慢下來，病毒就快不了」，信末還送上一句「你若安好，便是晴天」。情真意切，言簡意賅，也是特區政府要學懂的。

更重要的是，深圳即使封城，仍會確保輸港物資及食物源源不缺，中央政府及深圳當局為香港做的，已超越「強守」了。

2022 年 3 月 17 日《悅傳媒》〈棟悉港情〉

只要是個人，很難不動容

國務院副總理韓正說了，「人命最重要」，中央政府對特區政府的抗疫要求「有求必應、照單全收」。全國政協副主席、國務院港澳辦主任夏寶龍已經主持了九次支援香港抗疫工作協調會，援港物資及生活必需品源源不絕送抵香港，就連深圳市封城七天，仍確保輸港物資不斷。物資以外，中央政府更派了一批批抗疫專家、採樣人員及醫護人員來港，真的是要甚麼有甚麼。

首批來港醫護有七十人，第二批醫護則有三百七十五人，他們都不是隨便湊合的烏合之眾，而是來自內地多間三甲醫院的精英，帶隊的是廣東省中醫院副院長張忠德，今次已是他第十二次出征，抗疫經驗之豐富可想而知。其他成員包括八十多位醫生、二百多位護士，還有放射影像技師等等，他們都有豐富的抗疫救治經驗，過去兩年曾出征武漢及多個省市。更值得留意的是，他們這次無償來港，是放下原來的工作、離開自己的家人，當中有準新娘把婚禮推遲了，也有女醫生的八歲女兒知道媽媽要來香港，寫下「我把我最愛的媽媽送去幫助你們，大家一起努力，早日戰勝疫情！」只要是個人，看到這些，很難不動容。

報導指他們抵港後，隨即進駐亞博館社區隔離設施，進行閉環工作模式，每四小時一更，期間不換崗位、不休息、不飲食。閉環式工作究竟有多嚴謹，未親身經歷過大抵難以感受。有傳聞指他們入住迪士尼樂園酒店，又稱已獲酒店方面證實；但是特區政府很快便澄清謠言，稱並無此事。不過，迪士尼樂園酒店與亞博館距離不遠，又有充足的房間，即使真的安排他們入住，亦沒問題。

誠然，國家隊也不是神仙，我們不能祈求他們甫來港，疫情便立即消失。不過，只要是個人，對於別人伸出的援手，都應該由衷說聲「謝謝」，這是幼稚園已經有教的。

正因如此，很難想像仍有人會對援港醫護提出各種似是而非的質疑，甚麼內地醫護沒有在港註冊，專業水平如何、懂不懂英文藥名、使用中文寫病歷，去哪裏投訴及追究醫療事故等等一大串問題。這些批評是真心為抗疫好、為病人好，抑或出於「大香港」主義、甚至是政治立場，只有他們自己知道。

事實上，國家衞生健康委員會副主任雷海潮早已說過，他們明白內地及香港的醫療制度有差異，是以內地援港醫護會嚴格按照香港的法規及指引工作。醫管局行政總裁高拔陞亦指內地醫護熟習程序後，兩地醫護「分工無分你我」，他又澄清本地醫護並不需要為內地醫護翻譯病人病歷，香港醫生亦能理解中文的專業用語。

大疫當前，人民生命最重要，我們希望醫護人員能救治更多生命。前線醫護不論來自何方，他們付出的心力汗水都是無私的、可敬的、崇高的奉獻。我們應該向所有醫護人員致謝。期望香港的疫情盡快退去，內地醫護能早日平安回家。

2022 年 3 月 21 日《am730》〈黎 SIR 事務處〉

停課復課糾纏不清，同學光陰虛度

行席長官在 2022 年 2 月 22 日突然宣佈，幼稚園、中小學要在 3 月 7 日起「提早放暑假」直至復活節假期後。當時其中一個説法是校長、老師都不要回校，以騰出校舍做全民強制檢測。宣佈一出，學校、家長、同學都殺個措手不及，學校行政及教學工作大亂，家長們更是大失預算。

因為疫情嚴峻，同學長期「無得返學」，要在家裏上網課，學習效能已經比課堂面授大打折扣，老師只有努力教，同學都努力學，但是行政長官一句「提早放暑假」，連同學上網課學習的機會都泡湯了。

有幼稚園家長反映年幼子女形同「文盲」，社交技能等等的發展都拖慢了，這兩年幼兒基礎教育變相失效，可以想像未來的初小教育者將要面對怎樣的挑戰，特區政府未能及早遏止疫情，對這批幼兒的教育影響深遠。

「提早放暑假」這個決定亦破壞了小六升中整個程序：

一、原定在 3 月下旬要考的小六第三次呈分試，取消了。即是小六同學失去了最後一次考試拉高成績的機會。

二、原定在3月期間舉行的中學升中面試，有些中學因為「提早放暑假」而取消，索性改以同學的「成績次第」收生。失去面試機會對小六同學影響很大，特別那些成績不是最突出的，但口才好，面試表現佳的同學。他們想透過面試「博表現」爭取入讀心儀中學的機會也沒有了。

三、因應要「提早放暑假」，整個小六升中的程序、各項重要步驟都一併延後了。很多中學的網上面試日期一改再改，撞期的機率增加，令家長和同學相當焦慮。原本家長可在3月31日收到「自行分配學位階段」所報讀的中學的取錄通知，現在要等到5月4日，即家長和同學要呆等、焦慮多一個月！而「統一派位」又由7月12日延到7月26日才公佈結果，各種延期對家長和同學來說，都是折磨！

此外，近日有不同的報導及調查指出，應屆中學文憑試（DSE）的中六考生同樣因為特區政府未能有效遏止疫情而承受比前兩屆考生更大的壓力。現在3月下旬每日仍有二三萬確診個案，但是特區政府堅持在一個月後的4月22日開考DSE，很多考生感到焦慮，例如擔心自己在臨考試前確診因而未能應考，或者在考試期間「中招」等等，試問同學們在這種焦慮壓力下，又怎能專心備試？又怎會考得好？

我希望特區政府明白，DSE對官員來說，可能只是一個既定工作項目，但是對同學來說，卻是影響升學影響就業的人生重要關口！為同學提供安全公平的考試環境是特區政府的責任，何不待疫情放緩後才開考DSE？讓同學能在較正常的環境及心情下應考，好好表現？雖然教育局局長在3

月 23 日聲稱會研究設立「隔離考場」讓確診考生應考的可行性，但讓同學在身體不適（或者正在發燒）下考試，是否公平？

當「暑假」放了一半，行席長官在 3 月 21 日宣佈「暫緩」全民強制檢測，全港家長羣炸開了！若不做全民強檢，即用不到全港校舍做檢測中心，那麼同學「提早放暑假」豈不是白放了？同學白白犧牲個半月可以上網課的學習機會，現在換來甚麼？全港學校、校長、老師因為要配合「提早放暑假」而在背後做的大量工作，調整教學方案、改動面試及收生標準、壓縮程序等等，又為了甚麼？看來他日要做全民強制檢測時，教育局又要找個好理由放假了。

行政長官在 3 月 23 日的疫情記者會澄清，説當初決定「提早放暑假」不單是因為要徵用校舍做全民強制檢測，而是因為全港學生上學會大大提高感染及爆疫風險。回看 2 月的時候，面授課堂已經停頓了好一段日子，同學已經每日在家上網課了，根本沒有大批同學每日上學去的情況。

還有，截止 3 月 20 日，三至十一歲兒童的第一針接種率只是剛剛達到 57%，即是還有近半兒童未有接種疫苗，但是行政長官現在又宣佈學校要在 4 月 19 日恢復面授課堂，這豈不是要同學冒着感染風險上學去？若恢復面授課堂後又有學校爆疫，師生受感染數目大增，怎樣辦？看來特區政府要仔細想想如何走下去。

2022 年 3 月 23 日《悦傳媒》〈棟悉港情〉

沒有全民強檢之後

全民強制檢測暫緩了，學界及家長羣炸開，覺得特區政府在沒有詳細考慮下決定「提早放暑假」是讓同學白白犧牲了寶貴的學習時間。除此之外，還有甚麼後續影響？就是還有無盡的抗疫物資有待處理。

中央援港物資源源不絕地、快狠準地抵港，包括二億盒快速抗原測試劑、一億八千萬個 N95、KN95 及外科口罩、一千六百萬件保護裝備、六十萬盒抗疫中成藥。早前特區政府一度曾為物資存倉問題而大感頭痛，後來借用了香港會議展覽中心及邵氏影城作為臨時倉儲和物流集散中心才暫時解決問題。特區政府原本打算待全民強檢時送市民抗疫物資包，全民強檢泡湯，行政長官宣佈將於「本月內」（即 3 月內）向全民派發抗疫物資包，物資包內將包括快速抗原測試劑、口罩、中成藥及醫療資訊等。

其實社會上不同的政黨、組織一直有自發地籌募及派發各類抗疫物資，例如新民黨的社區發展主任便天天不停地把一袋袋物資「送上門」給確診和其他有需要的家庭，有黨友做到自己染疫了才暫緩工作，康復後又再出動。政黨、組織派送出去的物資已經不計其數，現在，特區政府這個全民物資包，總算是等到了。

不過，隨之而來就是包裝、物流、分發等問題，當中需要海量人手。因此，特區政府要向慈善機構、地區組織甚至立法會議員「招手」，招募義工協助包裝及分發工作。新民黨馬上響應，已組織了義工隊幫忙。不過，據知包裝工作安排在 3 月尾這星期進行，即是行政長官説將於「本月內」向全民派發物資包的目標基本無望，預計市民最快也要在 4 月上旬才會收到這個物資包了。

此外，中央政府為香港援建的六間方艙醫院，包括青衣、港珠澳大橋人工島、洪水橋、新田、粉嶺、元朗潭尾，已於三星期內先後峻工，總共提供二萬個床位，即是隔離設施壓力得到舒緩。雖然暫緩了全民強檢，特區政府仍應鼓勵市民收到物資包後，在指定某幾天齊齊每天連續做快速抗原測試。皆因快速抗原測試陽性的人病毒量高，馬上呈報一來可以讓特區政府精準跟進隔離及治療工作，制止病毒進一步擴散；二來也可以更準確地掌握確診數字及疫情走勢。

接着，醫生應根據衞生防護中心訂定的最新標準，向（一）年過六十、（二）六十歲以下而有高危因素的感染者，處方新冠口服藥，以制止更多危重症和死亡出現。

如此這般，相信可以逐步控制疫情，待單日確診個案下跌至低位數字，表示這一波疫情已到尾聲，便是全民強檢的適當時機，期望特區政府好好把握，真的做到「動態清零」。

2022 年 3 月 28 日《am730》〈黎 SIR 事務處〉

抗疫兩年欠甚麼？

香港這場「疫境波」打了兩年多，本來算是穩打穩紮捱過頭四個回合，豈料在第五波被 Omicron 狂攻，頻頻失守，累計確診個案全國最多，死亡個案更是世界前列，我們已失去了七千多人的生命，讓人痛心。我們的陣勢究竟欠缺了甚麼，才會落得如此疫境？

欠缺「谷針」的決心 —— 其實香港很幸運，特區政府購入了科興及復必泰兩款疫苗，在疫苗供應方面非常充足。可是，特區政府欠缺「谷針」的決心，推行「2019 冠狀病毒病疫苗接種計劃」一年以來，態度非常佛系，沒有立法強制市民特別是院舍長者必須接種疫苗，也沒有提供誘因或優惠吸引市民；表面上是尊重市民的自由選擇權，任由市民自行決定是否接種疫苗、選擇哪種疫苗，實際上是怕惹非議。加上傳媒隔三岔五便報導疫苗副作用，特區政府又欠缺有力澄清，市民先入為主便有「疫苗猶疑」，因此一年下來，香港的整體疫苗接種率並不高，長者的接種率就更低。直至第五波爆發，殺傷力又如此驚人，特區政府才亡羊補牢，派外展隊為院舍長者接種疫苗，開放三歲至十二歲兒童可以接種疫苗，加推多個疫苗接種中心，與及推行「疫苗護照」等等。

欠缺對長者的保護 —— 香港人口老化，長者愈來愈多，對安老院舍的需求甚大，目前香港大約有一千間安老院舍，但是環境及服務水平良莠不齊，很多都床位擠逼，客觀條件難以嚴謹防疫，一旦有長者或員工受感染，便容易院內爆發。其實世界各地都有院舍爆疫的情況，但是特區政府沒有借鑒這些例子，沒有及早應對；加上沒有催谷院舍長者接種疫苗，終導致大量長者染疫及離世，並且衍生後續問題，遺體處理嚴重滞後，醫院內遍地屍袋，畫面淒慼！長者辛勤一生為香港貢獻付出，想不到最後會如此沒尊嚴地過世，這是不能接受的。疫情過後，特區政府應詳細檢討及改革安老政策，看看怎樣加強對長者的照顧及保護。

欠缺收治病人的彈性 —— 香港一直面對公私營醫療失衡、前線醫護人手不足、公立醫院負荷過重的問題，因此當第五波疫情爆發，確診個案以幾何級數急升，醫療體系根本來不及反應，以至發生大量長者要在醫院門外捱冷苦候的悽愴畫面。及至國家衛健委新冠疫情應對處置工作領導小組專家組組長梁萬年來港指導，清楚指出香港應該精準運用醫療資源，建立「分層分流的診療體系」，特區政府才陸續把伊利沙伯醫院、天水圍醫院、北大嶼山醫院、東華三院馮堯敬醫院、律敦治醫院及靈實醫院等轉為新冠指定醫院，與及設立指定診所、長者暫託中心等等。

此外，中央政府援建的六間方艙醫院，包括青衣、港珠澳大橋人工島、洪水橋、新田、粉嶺、元朗潭尾，已於三星期內先後峻工，總共提供二萬個床位，才讓隔離設施的壓力得到舒緩。四百多名內地援港醫護亦進駐了亞博館社區隔離設施，協助照顧病人，這些都有助提升收治病人的能力。

欠缺對中醫藥的運用 —— 香港的醫療系統以西醫為主導，中醫中藥並非主流，爆疫兩年來也是以西醫治療為主。直至爆發第五波，港人才意識到內地中成藥的治療效用，不過礙於註冊制度，並非所有內地藥廠生產的中成藥都能合法售賣及使用。最近中央政府派了中醫專家隊來港抗疫，特區政府應該把握這次機會推廣中醫中藥，加強中西醫的融合。

欠缺全民強制檢測 —— 這點眾所周知，無須多言，後續是處理中央援港的二億盒快速抗原測試劑、一億八千萬個 N95、KN95 及外科口罩、六十萬盒抗疫中成藥等物資。特區政府發動地區組織招募義工，全城一起包裝「全民物資包」，準備日後派發給全港市民。新民黨組織了多隊義工隊參予多個地區的「包裝日」。我在 2022 年 3 月 30 日走訪了幾區的「包裝工場」，發現有趣現象，就是義工的人數多得超乎想像，運輸及物流卻趕不上義工的包裝速度，於是出現義工坐等物資的情況。看來民政事務處要大大提升統籌及協調能力，以免浪費義工的寶貴時間。

特區政府計劃於下週把「全民物資包」派送給全港家庭，究竟會順利達成目標抑或諸多甩漏，還要拭目以待。最後，特區政府適宜要求全港市民在收到「全民物資包」後，在指定日子內連續每天做自助快速檢測，並且必須如實呈報，以進一步揪出隱形患者及確診者，盡快遏止疫情。

2022 年 3 月 31 日《悅傳媒》〈棟悉港情〉

全民做快測

這幾天，全港市民陸續收到特區政府派發的抗疫物資包，裏面有二十套快速抗原測試劑。行政長官早前公開呼籲，希望全港市民「眾志成城、團結抗疫」，大家一起在本星期五六日（2022 年 4 月 8、9 和 10 日），連續三天，每天做一次快速抗原檢測，若檢測結果是陽性，需於二十四小時內呈報。

本來，在第五波走勢回落但又未到尾聲的這階段，好好運用我們手上已有的工具（快速抗原測試劑）來做一次全民快測，可以進一步揪出陽性特別是無症狀患者，讓特區政府更精準地掌握疫情走勢，走向「動態清零」，誠是好事。可是，行政長官這個呼籲並沒引起很大迴響，市民反應未見熱烈，大抵有以下原因：

一、全民快測只是自願性質，並不是強制的。特區政府既沒提供誘因，也不設罰則，市民測不測，特區政府控制不了，賞不到，也罰不了。

二、很多市民已經染疫及康復，感覺自己「無敵」，沒有做快測的逼切性。

三、也有市民先入為主，受到一些負面報導影響，對於萬一檢測陽性要入住隔離設施感到不安或抗拒，又或者害怕入住隔離設施後「開不到工」，手停口停，影響收入，因此沒有做快測的動力。

四、有報導指很多基層市民及長者沒有智能手機，有資訊斷層，他們也不懂得怎樣使用快速抗原測試劑，不懂得自行採樣。

五、特區政府並沒有谷盡全力宣傳全民快測的細節及後續安排，一切淪為弱弱的呼籲，沒有感召力；再加上這陣子全城的注意力都轉移到行政長官選舉上，有關全民快測的訊息都淹沒了。

換句話說，如果特區政府強烈希望全民快測一舉成功，其實有很多事情要做：

第一、必須全面估算及準備足夠的治療及隔離設施，而在中央大力支援下，這些其實已有配備。特區政府必須明確讓市民了解。

第二、除了硬件配備，特區政府要仔細、清楚地釐定市民呈報陽性結果後的跟進安排，包括會在多長時間內聯絡陽性患者，如果陽性患者本身是高危人士怎麼辦，甚麼情況下必須送院或必須入住隔離設施，甚麼情況下容許居家隔離，市民在甚麼情況下可獲處方口服藥物等等。

第三、就是特區政府長年累月最弱的一環，即要以千方百計，把上述資訊傳達到每一位市民耳中，讓市民清楚了解他們要做甚麼，萬一快測陽性又將會面對甚麼。資訊愈透明準確，便愈能減低市民的疑慮。另外，當然要嚴厲肅清假新聞及造謠者。

第四、特區政府必須以身作則，動員公務員團隊，帶頭「必須」做快測，還要動員公營機構、法定團體、工商企業、政黨、地區組織、同鄉會、業主立案法團等等，層層推進，人人「測」起來，全民快測才能成功。此外，還有在第五波中爆疫最多的安老院舍，特區政府必須動員院舍為長者做快測。

可惜，4 月 8 日轉眼就到，以如今特區政府在這事情上所做的工夫，與及市民的冷淡反應看來，有多少市民會認真響應，實在存疑。上回，全民強檢已經淪為「傳聞強檢」；今回，全民快測會否變成「全民不測」？

2022 年 4 月 7 日《悅傳媒》〈棟悉港情〉

第五波尾聲宜做全民強檢

猶記得 2022 年 3 月 21 日，行政長官在抗疫記者會上表示，「全民強制檢測應在疫情爆發初期或尾段進行」，而當時「個案數字仍處於高位，現階段不宜把有限資源投放在全民核酸檢測」，「政府決定暫緩推行有關計劃」。

一個月轉眼飛逝，來到 4 月下旬，有幸疫情已見緩和，單日確診個案回落至六百宗（4 月 19 日），估計兩三星期後，有望進一步回落至「高雙位數」或「低三位數」，屆時便是行政長官所指的疫情尾段，即是推行全民強檢的適當時機。

不過，之前計劃要禁足的連續十天做三輪強檢，在今天看來可以再優化，特區政府要因應時勢作適當調整，我有以下建議，供特區政府參考：

一、盡快決定全民強檢的日期——依據先前的構思，檢測中心設在學校（因此要求學校「提早放暑假」），但是現在「暑假」已「提早放完」，學校已恢復面授課，要徵用學校做十天檢測中心，相當困難。我建議今回先做一輪強檢，為期三天，加上前後兩天做預備及收尾工作，即共需借用學校五天。

看看日曆，5月有兩個星期一是公眾假期（5月2日勞動節翌日、9日佛誕翌日），6月則有一個星期五是公眾假期（6月3日端午節），加上星期六及日，若選定在毋需上課的連續三天做強檢，即使加上前後兩天，學校只需停課兩天便可。但缺點是在包含節日的日子實施強檢，可能會引來市民反感，弄巧反拙，特區政府要花點心思平衡利弊。

二、充分利用快速抗原檢測機制 —— 由於早前特區政府已向全民派發快速抗原檢測劑，又推行了三天全民自願快測，估計現在大部分市民已經懂得怎樣做快測了。我建議規定市民在接受全民強檢的前一晚，先自行做一次快測，並且要保留檢測結果（例如拍照）。若快測陰性，則需在檢測中心做強檢時，出示陰性結果證明。這機制相當於在短時間內做了雙重檢測。當然，若快測為陽性，則應立即呈報，以及不要前往檢測中心。

三、必須優化網上預約系統 —— 由於第五波疫情累計已有百多萬人確診過，他們體內會有殘餘病毒，如果要他們再做核酸檢測，可能會出現大量假陽性結果，製造大量虛驚場面，徒增已飽受壓力的醫護們的工作量。為了避免這情況發生，在過去三個月內確診過的人士不需做強檢，但是需要把確診資料上載至優化版網上預約系統，讓衞生防護中心可以利用電腦程式核對記錄，把這批資料與強檢揪出的陽性個案合併，更準確地掌握第五波疫情的數據和病患分佈的地區。

四、首要做一輪非禁足式全民強檢 —— 根據上述提出的方法，不用連續十天做三輪強檢，而是先花三天做第一輪，再根據實際結果及數據，決定是否推行第二輪強檢。第二輪可以只做全民快測，又或者只在重災區（揪出最多陽性個案的地區）做強檢等等。在三天連續假期做強檢可以減少市民不便，只要再減少公共交通服務，便不用刻意實施全民禁足。而即使要在重災區推行二輪強檢，也可以限制出入，做法類似內地的封控區。

五、加強污水檢測 —— 由現在開始，特區政府必須全力投入做污水檢測及圍封強檢，務求在全民強檢前找出最多無病徵感染者。

如此這般，相信在疫情尾段推行全民強檢後，可以找出餘下的隱形傳播者，讓香港在臨近回歸二十五週年的大日子，昂首接軌國家的抗疫政策，邁向「動態清零」。更重要的是，凡事總有第一次，特區政府切實做一次全民強檢，全社員總動員一次，才能汲取箇中經驗，為下一波疫情做好預案。不能再像第五波那樣，被 Omicron 殺個措手不及，白白犧牲了九千多人的生命。

2022 年 4 月 21 日《悅傳媒》〈棟悉港情〉

第五波疫情的最後一里路

第五波疫情由 2022 年初爆發至今，經歷了初發、幾何級爆發、高位橫行等多個階段，來到最近，單日確診個案總算回落至三位數，祈願第五波疫情真的來到「最後一里路」，香港能逐步復常，健康熱鬧地迎接回歸二十五週年。

在這關鍵時刻，我們應該靜下心來，檢視過去幾個月的抗疫工作，特區政府是否有效擔起抗疫的主體責任，又有哪些不足的地方，下屆政府必須汲取教訓，做好預案，慎防病毒捲土重來。

我們都明白，抗疫是壓倒一切的任務，也是要花大錢的任務。抗疫兩年多，特區政府已經花掉四千六百億元，當中包括撥款予醫院管理局、六輪防疫抗疫基金、兩輪消費券、購買疫苗及藥物等等。錢是花得夠多了，但是各項措施的安排未必到位，遠的不說，就以最近向長者免費派發快速檢測包的安排為例，雖然特區政府聲稱是免費派發，但是我們收到很多長者投訴，說他們去到指定團體的派發地點後，發現原來只派發給會員，長者要即場入會才能領取檢測包，更有個別團體要求長者先付二百大元入會費，才「免費」派發五盒檢測包，反映計劃未能完善落實，分分鐘好事變壞事，落得民情怨懟。

我收到市民投訴後，立即代表新民黨去信食衞局，要求撥亂反正。食衞局反應迅速，當日下午回覆，立即修正措施，取消會籍限制、入會及會費要求，六十歲以上長者親身到指定地點便可免費領取檢測包。我希望特區政府明白，政黨和立法會議員是特區政府與市民之間的橋樑，我們能切實反映民意民情，下屆政府也必須明白這點，多與政黨、議員溝通，從而理順施政。

此外，特區政府在科技抗疫的表現，並不理想。「安心出行」、電子針卡、疫苗通行證、網上預約系統、陽性申報平台、健康碼，名字一大堆，全部半桶水，而且各自為政，互不相通，市民在使用上並不方便，長者更感困惑。

我始終認為「安心出行」沒有追蹤功能是抗疫工作的最大敗筆。特區政府一直沒走出所謂「侵犯私隱」的思維誤區，即使個人資料私隱專員在立法會事務委員會會議中（2022 年 2 月 10 日）又澄清又強調，在防疫及保障公眾健康的大前提下，「安心出行」加入追蹤功能並不違反《個人資料（私隱）條例》，但是特區政府仍把「安心出行」沒有追蹤功能當作「功績」那樣吹捧，實在匪夷所思。試想想如果「安心出行」推出時已有追蹤功能，特區政府能運用大數據追蹤緊密接觸者，還需要借調成千上萬的紀律部隊人員手動調查嗎？

還有早前特區政府要全港學校「提早放暑假」以騰出校

舍做全民強檢，但是「暑假」放完強檢卻變了傳聞；要求學生復課後每天快測陰性才可上學，卻堅持不肯向全港學生派發快測包；航班熔斷機制熔走了香港航空樞紐的地位；關閉大量表列處所令各行各業遭受重擊；沒有及早妥善處理為長者接種疫苗的工程致使安老院舍大爆發⋯⋯篇幅所限，抗疫工作好與壞，這裏未能一一細數，而在第五波疫情的尾聲，究竟特區政府做不做全民強制檢測，讓香港與內地的「動態清零」目標接軌？是抗疫「最後一里路」的重要關鍵。

2022 年 4 月 28 日《悦傳媒》〈棟悉港情〉

第五章

港人還看今朝

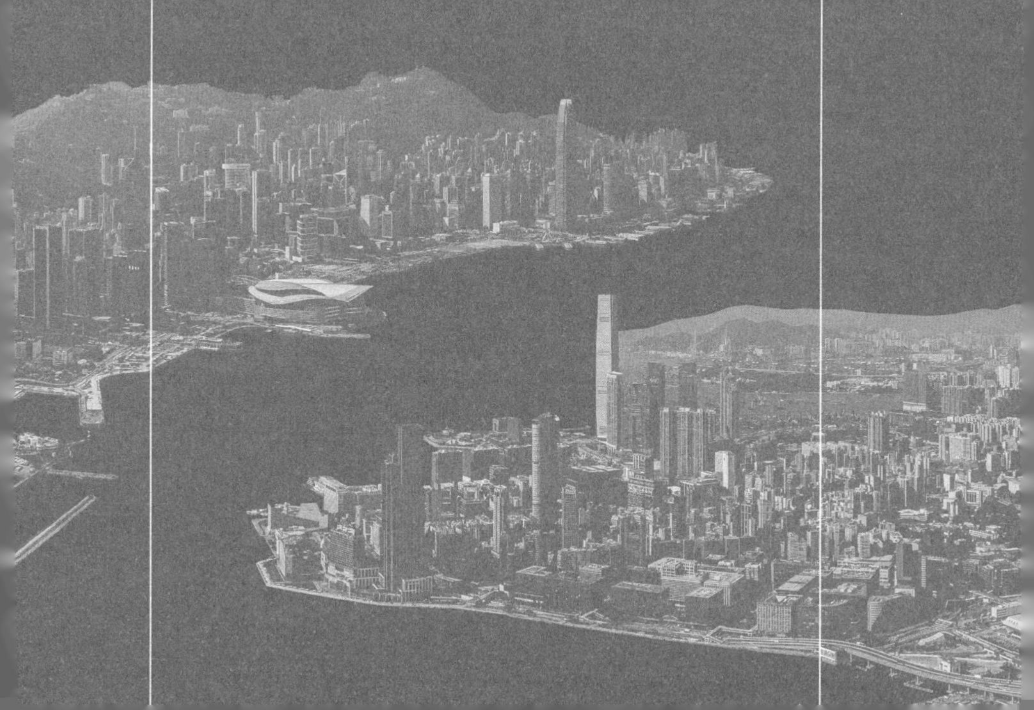

智能身份證和e-道是「套餐」

十年人事幾番新，香港身份證及出入境 e-道亦然。新一款（第七代）智能身份證的換領正式開始，新 e-道（e-channel）亦已在高鐵及港珠澳大橋出入境層率先啟用，入境處的工作與時並進，值得俾個 like。

我們目前仍使用的身份證，是 2003 年推出的第六代，由預約、資料登記、拍照、取指紋、印製、品質驗證到領證等全部電腦化。當時我是入境處處長，與時任副處長黃達甫和周國泉並肩統籌換領身份證及推行 e-道這「套餐」，籌備工作少說也四、五年，過程甚值得回味。說是「套餐」，因為沒有智能身份證的晶片等配置，空推出 e-道也是徒勞。

昔日的身份證常常被市民詬病，因為沒有電腦化拍攝技術，相片又只可以拍一張，效果很差。申領人要攞籌，輪候時間長。來到我們主理的年代，便針對身份證的功能（配合 e-道）及相片質素大下苦功，同時絞盡腦汁改善換領程序。我們從用家角度出發，設身處地考慮自己希望得到怎樣的換證服務？於是，我們設置間隔來提升申領人的私隱、拍照時提供小梳和鏡子、相片不滿意可以再拍……希望做到過程舒服及人性化。推廣方面，每一輪都找來適齡藝人拍攝宣傳短片，增加親切感，最後一輪更請全體代言藝人出席，來個大團圓結局。

如是者，入境處竟然收到三千多封感謝信！那是以前從未有過的，入境處上上下下都感到很欣慰，證明只要工作目標定得準確，執行得好，定見成效，而市民也是會感受到的，這是我在政府工作四十年的座右銘。

而有賴推出了智能身份證，再加上 e-道通行，市民終於告別每逢大時大節往返內地，要在羅湖和落馬洲擠幾小時的苦況。

2019 年 1 月 2 日《明報》〈三言堂〉

那年頭的 e-道大突破

智能身份證及推行 e-道是「套餐」，因為入境處在 2003 年為香港市民換領第六代身份證時，同步籌備 e-道，在那年頭來說，是科技大突破。e-道（e-channel）是「自助出入境檢查系統」的簡稱。系統原理是讀取辦理出入境手續市民的指紋，與儲藏在身份證晶片內的加密數值化指紋模板比對，確認身份。e-道採用插咭方式讀取資料，通關需時十二秒，比傳統櫃枱人手辦理快幾倍，效率很高。

回歸後，港人北上人次以倍數幾何級增長。每逢假日，市民在出入境口岸大排長龍，經常逼爆羅湖和落馬洲口岸，就是智能身份證及 e-道衝破這關卡。除了香港，內地也同步將回鄉證電腦化、咭片化、標準化，加上處理出入境程序電腦化、自助化，如是者雙方處理出入境流量的能力大增，市民過關大大暢順。時至今日，兩地陸路口岸是全世界出入境效率最高的地方之一。

可在當時，e-道是香港前所未有的新產物。我們從概念、籌備、招標、設計、檢測，試行到全面實施，過程既複雜又有趣。我們在灣仔入境處大堂設置「實驗 e-道」，測試用家反應，怎料，有人進入 e-道閘機後站立不動等開門、有人高舉手指以不同角度按壓指紋、有人以指甲尖「篤」指紋機⋯⋯此外，天氣太冷或濕度太高會令指紋機故障、高頻率使用又令指紋機很快壽終正寢⋯⋯真人測試測出大量瑕疵，我們便針對問題逐一改良。

2004年12月16日，羅湖口岸正式推出三條e-道，首日有七百多人使用，成功率達95%。隨着e-道數目不斷增加和市民日漸適應自助化通關模式，e-道不單完成消滅人龍的任務，也大大減低入境處的人手壓力。期望新e-道推出能進一步提升香港出入境口岸的效率。

2019年1月5日《明報》〈三言堂〉

e-道的前世今生

不説不知，新加坡是全球首個推出「自助出入境檢查系統」的國家。因有很多馬來西亞工人每天經北面的兀蘭（Woodlands）口岸往返新加坡工作。新加坡政府於是推出兩種自助通關機，一種是方便步行出入境的，另一種是方便駕駛電單車的。之後，馬來西亞政府推動電子產業，也相應推出 e-道。歐洲那邊則由荷蘭史基浦機場（Schiphol Airport）開始，從此，e-道漸漸普及各國的出入境口岸。

其實香港早在九十年代已研究推行 e-道先導計劃，可惜胎死腹中。死因是技術未成熟，內部測試不及格 —— 技術人員拿着假手指按壓指紋，竟騙到指紋機，假手指通關無阻，這可是出入境系統不得了的破綻，計劃惟有擱置。直至 2000 年，科技跨前了一大步，生物辨認系統能檢測人體體溫，假人假手指無所遁形，我們得以重啟 e-道計劃。

而除了人行 e-道，香港各大陸路口岸還設有貨車 e-道，即貨車自助化通關系統。貨車禁區紙、車牌、連同兩名司機需事先「配套」登記。每當貨車駛到閘口時，閉路電視會自動識別車牌和核對記錄。同時，司機位旁的指紋機會隨貨車車身自動調校高度，司機不用下車便可伸手按指紋。電腦確認司機身份後，貨車便可過關，快捷方便。

時至今日，很多地方的出入境口岸也設有旅客 e-道，替旅客帶來更快的出入境便利。港人除了能夠在內地和澳門使用 e-道過關外，入境處也和韓國、德國、新加坡及澳洲等地協議互相提供自助出入境檢查服務，可見 e-道對大家出外旅遊公幹，貢獻良多。

2019 年 1 月 8 日《明報》〈三言堂〉

逝去的 CI

香港市民喜歡趁假期出外度假，一個重要前提是到外地旅行很便利。2019 年初，以比較護照方便度為準則的「亨氏護照指數（Henley Passport Index）公佈調查結果，香港特區護照以一百六十九個國家免簽，排名亞洲第五，全世界第十九。

特區護照簽發二十多年，上述成果得來不易。

年輕一輩未必知道，回歸前，香港人所持的旅遊證件主要分為兩類。第一類是港英政府簽發的「香港英國護照」，簡稱「港英護照」，是發給香港出生的人士。

可是，當時有大量香港居民是在內地出世的，他們拿不到「港英護照」，只會獲發一本綠色的旅行證件「身份證明書」（Certificate of Identity，簡稱 CI），而 CI 上並沒確認持證人的國籍，因此，外國移民局都視這本綠簿仔為「無國籍旅遊證件」。所有 CI 持有人都需要預先申請簽證才可以去外國，出外旅遊或公幹均非常不便。

回歸後，《基本法》規定，特區政府獲中央授權簽發中華人民共和國香港特別行政區護照，簽發條件是申請人必須是中國公民，即要擁有中國國籍，同時亦擁有香港特別行政區的居留權。即是説，所有持有 CI 的香港人均可在 1997 年 7 月 1 日或當日後，堂堂正正地手持一本香港特別行政區護照到處去了。

我仍記得，回歸後有大量 CI 持有人急不可待地申請特區護照，入境處一時間收到前所未有之多的申請，資源不足應付。結果，我們要按申請次序分批處理，才逐步把全部 CI「變」特區護照。幸好當時市民理解，無投訴，揭過了香港護照史的重要一頁。

2019 年 4 月 29 日《明報》〈三言堂〉

身份證密碼

《基本法》第二十四條列明，「香港特別行政區居民，簡稱香港居民，包括永久性居民和非永久性居民」，而有資格依照香港特別行政區法律取得身份證的人，就是香港居民。基本上，一個人十一歲 / 以上，都需要申請身份證。

很多人都沒有留意，原來香港身份證是有兩個版本的。第一個版本是發給有居留權的香港永久性居民，身份證上有「香港永久性居民身份證」的字樣，清楚明確。

第二個版本則是發給沒有居留權的香港居民，最普遍的例子是家庭傭工，或以專才優才或專業人士身份來香港工作的人。這些人不符合居留權相關規定，所以只有香港居民的身份，而他們在香港逗留期間或者工作會有限制。

常常有人問身份證上的「三粒星」代表甚麼，也有人以為「三粒星」等於有居留權。真相是，「三粒星」與居留權完全是兩回事，沒有關係。

其實「三粒星」是指身份證的持有人有資格領取回港證。香港居民要從中國內地或澳門返回香港，需要持有有效證件才能入境，那就是回港證，上一代的港人很多也有申領回港證的。

入境處在八十年代推行「簡易出行計劃」（Easy Travel Scheme），藉着換新身份證，引入了「三粒星」，代表該身份證的持有人有資格領取回港證。之後，香港居民從內地或澳門回港，入境時出示身份證，身份證上有「三粒星」的便可。不過也因為這樣方便，漸漸地很多人也不曉得回港證的存在了。

身份證上，「三粒星」的旁邊會有其他英文字母，代表不同的意思：

「A」是 abode 的簡寫，即港人最關心的居留權。若「三粒星」旁邊有「A」，代表持證人有香港居留權（right of abode in Hong Kong）。

「C」代表 conditional stay，即持證人是有期限居留。

「R」是 right 的簡寫，代表持證人喪失了香港居留權，但是自動獲得另一權利 —— 入境權（right to land）。

「U」代表 unconditional stay，即持證人屬無限期居留。不過「U」比較鮮有。

此外，第一個字母的旁邊還有另一個英文字母，最普遍的是「Z」，代表持證人在香港出生；「X」指持證人在內地出生；而「W」則是指持證人是在澳門出生的。

英文字母下面是簽發日期，而且顯示有兩個日期。第一個日期是括弧內只有年份及月份，這是指持證人第一次獲發身份證的日子，例如（11-81）即是1981年11月，這個日子是不會有改變的。

下面一行顯示了「日子-月份-年份」，例如「18-03-21」，這是該張身份證的簽發日期，這個日子是可以有變動的。例如市民去換領新一代智能身份證，又或者是市民遺失了身份證後去補領，那麼簽發日期便會不同。

最後，原來身份證號碼也有玄機。身份證號碼六個數目字後面是括弧，括弧裏面會有一個數字或英文字母「A」，是電腦程式生成的保險密碼、檢查數位（check digit）。以往政府人員要在電腦輸入身份證號碼時，是人手鍵盤輸入的，因此會有打錯字、輸入錯誤的可能，而這個保險密碼就是防止錯誤輸入的。若不正確輸入括弧內的數字或字母，電腦系統會顯示輸入錯誤。

2021年10月28日《悦傳媒》〈棟悉港情〉

愉快換證

作為前入境處處長，我領導過為香港市民更換智能身份證的工作。一向以來，入境處本着以民為先的心，優化換領程序，就連椅子高度、鏡頭角度，都有考究。而在我離開入境處十年後，入境處再度推出「新智能身份證」，這已是香港的第七代身份證，「全港市民換領身份證計劃」亦已於2018年尾展開了。

本來，1951年出生這個年齡段，還沒登上「換證組別」排行榜，但是今次入境處有「長者同行換證」安排，即在「換證組別」年齡段的人士，可攜同兩名六十五歲或以上的親友一同前往換證，於是我和太太便搭上阿仔的順風車，齊齊換證去。

角色對調了，如今我是來換證的市民，也就樂得毫無壓力地體驗一次愉快換證。首先，上網預約、填報資料，簡單便利。我預約了平日的空閒時段，果然就遇不上人潮，不用排長龍輪候。換領中心很空曠很整潔，指示清晰人手也充足。我先坐下，後登記，工作人員接過我原本的身份證，從電腦上讀出我的資料，打印在表格上。我需要做的工序很簡單，就是簽名。到影相環節，工作人員彬彬有禮地指示我拍照，非常專業。防疫措施亦做到足，例如我用電子儀器印好手指模後，工作人員便馬上要求我用酒精搓手液消毒雙手。最後，工作人員指示我轉去另一個櫃位做覆核，過程非常嚴謹而有效率，我就在非常短的時間內完成登記。

領證那天同樣順利，我按時去到換領中心，將取證通知書交予工作人員，他們很快便把我的新智能身份證取出來，在核對手指模，確保來領證的人就是該身份證持有人後，便把新智能身份證交到我手上了。

這次愉快換證，讓我回想起 2019 年區議會選舉的不愉快。那天有不少市民投訴，他們排了長龍來到櫃位核對身份時，卻發現選民名冊上自己的名字已經劃了線，代表「這人已投了票」，為甚麼會這樣？是誤劃線抑或有人冒認頂替？可是選管會至今沒有清晰交待。新一場選舉又到，選管會應該採用入境處的方法，以手指模或人臉識別來核對選民身份。這些方法技術成熟，持之有效，選管會為甚麼不採用？

2021 年 11 月 14 日《明報》〈三言堂〉

爲特區護照奔走的日子

回歸前，「一國兩制」和「香港特別行政區護照」對全世界而言是新事物。世界各國對給予特區護照持有人免簽證入境待遇普遍持觀望態度。我和時任入境處處長葉劉淑儀，四出奔走游説，務求為港人爭取最大福祉。我記得 1997 年 7 月 1 日的時候，只有六、七個國家願意給予免簽，成績並不理想。

突破點是 7 月 2 日，泰國和香港簽訂互免簽證協議，那是歷史上第一次有國家與香港特區互相免簽，意義重大。成功拿下泰國，我們還有兩大目標，歐盟和日本。

歐盟是香港第三大商品貿易夥伴，若歐盟肯給予免簽證安排，將會大大加強在各方面的雙邊關係，港人出遊、公幹將非常方便。可是當時歐盟對特區護照概念模糊，除了外交部和特區政府持續多渠道向歐盟游説外，我們更成功邀請歐盟代表團來港考察，向他們解釋香港出入境制度的運作及相關法例、展示特區護照的製作及簽發流程、如何確保電腦化保存記錄系統穩妥，更承諾提供二十四小時查詢熱線，務求讓他們明白「香港特別行政區護照」的簽發有嚴格規定，是「信得過」的，幾經爭取，終於在 2000 年 12 月拿下歐盟。

再來就是日本了，日本的疑慮和歐盟差不多。此外，當時日本注重本土旅遊，對開放旅遊市場並不積極，我們提供了很多數據，力陳香港將會是日本發展旅遊業的重要市場之一，最後才在 2004 年 4 月拿下日本。

時至今日，特區護照獲得一百六十三個國家和地區給予免簽證或落地簽證的入境待遇，實在得來不易，是外交部和特區政府很多官員的努力成果，還望大家好好珍惜。

2018 年 12 月 24 日《明報》〈三言堂〉

特區護照的突破

當年《中英聯合聲明》簽妥後，英國政府承諾為港人簽發新的旅遊證件「英國國民（海外）護照」（BNO），可是連對持 BNO 進入英國能否免簽也一拖再拖，態度很曖昧，遑論要求其他國家給予免簽證待遇，因此 BNO 能為港人帶來的旅遊方便十分有限。相對地，香港特區護照的免簽突破要大得多。

時近九七，時任入境事務處處長葉劉淑儀和我四出奔走，了解外國政府對特區護照有四大疑慮：

一、香港特區護照是否中國護照？

二、甚麼人有資格取得特區護照？

三、內地居民也可取得特區護照嗎？

四、簽發特區護照的程序是鬆是緊？防偽措施是否嚴密？

要突破上述關卡，讓外國政府安心，我們真是扭盡六壬，招數盡出：

第一招，我們親赴各國推銷及游説，解釋根據《基本法》，特區護照只簽發予中國籍香港永久性居民，內地居民並不能申請。

第二招，邀請各國代表團來港，視察特區護照的簽發及打印過程。我們每收到一份申請，電腦系統會核對申請人身份證的個人資料及相片，確認申請人的身份，才會處理該申請。而每一本特區護照都是在香港入境事務大樓內打印，過程嚴謹安全。

第三招，安排代表團參觀出入境口岸，讓他們了解內地居民是持甚麼證件進出香港。我們的電腦系統會嚴密保存出入境記錄；讓他們明白，內地人進出香港只是短暫停留，並不能因此取得香港永久性居民身份證及特區護照。

第四招，也是最突破的一招，就是推出年中無休的二十四小時熱線，任何出入境機關若對眼前手持香港特區護照的人士的身份或護照真偽有懷疑，只需把該護照影印及傳給熱線，我們會立即查核並回覆。

就是這樣，在我們努力不懈的工作下，特區護照逐步獲得不同國家的免簽證待遇，造就今日港人出外旅遊及工作的便利。

2019年5月2日《明報》〈三言堂〉

特區護照的防偽特徵

香港特區護照自 1997 年開始簽發以來，已先後推出三個版本，很快會有第四個新版本。每個版本均有新防偽特徵，加強外國政府的信心。各位讀者不妨拿出你的特區護照，逐點對照：

首先，護照封面內頁的國徽是採用變色油墨打印。若從不同角度看會看到不同顏色，這設計是方便外國的出入境關員能用肉眼辨別護照的真偽。護照的每一頁均清晰列印出該本護照的號碼，防止不法份子把護照內頁調換。

護照的個人資料頁也採用了各種嶄新技術。持證人的相片不再是貼上去的，而是以特別的電腦技術打印或光刻，這做法可防止不法份子更換相片或在相片上做手腳。我們透過特製的膠片可看到相片上顯示出持證人的身份證號碼。資料頁上的香港區徽及紫荊花圖案也是採用特別油墨印刷，在紫外光下，圖案會顯示特別的顏色，十分美麗。

此外，我們留意到，若必須要用特別的儀器才能辨別防偽特徵不夠便利，所以在 2003 年的版本引進了更多肉眼可辨的防偽特徵，方便出入境關員工作。例如在個人資料頁的持證人相片左邊，以光學變色油墨印出「HKSAR」字樣，同時以膠膜保護。若膠膜遭撕開，該 HKSAR 字樣會破壞及消失。故若我們拿起護照以不同角度看，便可辨別護照的相片有沒有非法改動過。「香港特別行政區入境事務處」字樣也是用光學變色油墨印上的，可大大增加不法份子改動個人資料頁的難度。

特區護照的 1997 年第一版本已於 2007 年相繼過期，2003 年的版本亦已於 2013 年開始期滿失效，而為了迎合更嚴格的保安要求，入境處又於 2007 年推出載有加密晶片的護照，可見入境處的工作一直與時並進。

2019 年 5 月 5 日《明報》〈三言堂〉

澳洲出入境快夾妥

剛從澳洲回港，體驗了澳洲的出入境自助通關系統，實在非常先進方便，值得香港入境處學習。

首先，旅客不需要預先登記，只要持有人手上持有電子護照便可。

第二，流程非常簡便。我落機踏入機場大樓，沒幾步便看見一部部類似櫃員機的自助辦理櫃位。我打開護照的個人資料頁，放進「櫃員機」的閱讀器，電腦便會閱讀持證人護照上的晶片，取讀處理入境所需的資料。之後，電腦熒幕顯示三條通關問題，我回答了「是」或「否」後，電腦便打印一張類似停車場「飛仔」的收據給我。

第三，由於大堂有很多部「櫃員機」，能輕易消化大量落機旅客，大家未踏進入境大堂已經人手一張「飛仔」。入境大堂以往要排長龍的外國旅客入境櫃位現在空空如也，人龍不再。大家轉而走向旁邊一列列的自助通關機。我把「飛仔」放入自助通關機，雙腳踩在地上的腳印圖案上，頭望着前面的攝影機，攝影機會自動操作拍攝面容。

第四，這系統的另一特點，是不需要採集持證人的手指模。它只需為旅客拍攝一張相片，用以對比旅客手持護照資料頁上的相片，兩者比對，電腦系統識別是同一個人便可。這是容貌辨識技術。這時，「飛仔」彈出來，我取回「飛仔」；前面閘門打開，我過閘。取行李後過海關時，我把「飛仔」連同海關申報表，一併交給海關關員，整個通關手續便完成，我順利進入澳洲，期間幾乎不經人手。

離境程序差不多，通過非常嚴密的保安檢查後，走一次上述的流程，便順利登機回港了。可見科技能為出入境帶來很大的便利，澳洲這套自動化系統較香港的系統更加先進，不用預先登記，不用採集指模，同樣達到快靚正的效果，值得香港參考。

2019 年 6 月 3 日《am730》〈黎 SIR 事務處〉

歷史引證 英國僞善

因為國家將制訂《港區國安法》，英國大聲疾呼，指將延長 BNO 持有人去英國的逗留期限至十二個月，甚至聲稱已和「五眼聯盟」溝通，或可接收湧離香港的港人云云，真是荒天下之大謬。

我們現在就回顧歷史，看看英國怎樣偽善行事。

二戰後，英國政府修改英國國籍法，把英國本土及所有殖民地的英籍人納入為英籍聯合王國及殖民地公民。英籍人士不論持有哪地簽發的英籍護照，都可以自由進出英國。

1962 年，英國政府發覺做法不妥，隨即修改移民法，管制非本土英籍人士進入英國。1971 年，英國政府再修訂移民法，引進居留權概念。在英國無居留權的聯合王國及屬土公民，不能自由進出英國。哪些人有居留權呢？本人或父母在英國出生或已連續在英國通常居住超過五年的英籍人士等。

1981 年英國國籍法更世界首創，索性把公民身份分一成三：英國公民、英國屬土公民和英國海外公民。香港人「被給予」英國屬土公民身份，「被剝奪」了先前的地位。當時的行政立法兩局議員去英國爭取無效，曾向媒體公開表示，英國將香港人摒諸門外，新的英國國籍法「閂了大門再加上一把鎖」。

英國政府一再修改政策法律，是因為他們預計「九七」將至，擔憂有大量持英籍護照的港人湧去英國，於是早早落閘。《中英聯合聲明》的〈英方備忘錄〉指出，香港的英國屬土公民可取得新的英國國民（海外）護照，就是 BNO 了；而且只是 1997 年 7 月 1 日前出生的港人才有，該日之後出生的便沒有了。BNO 持照人可免簽在英國停留六個月也是多番爭取才成事。BNO 只是旅遊證件，持照人在英國沒有居住工作的權利。

英國人在幾十年前已經處心積慮部署，摒棄港人，如今竟厚顏自稱對香港仍有責任，實在可笑！你們想負責（但你們沒有這權利），那便單方面宣佈不論國籍，讓所有 1997 年 6 月 30 日在香港居住的永久性居民，以及他們未滿二十一歲的子女，自動有英國居留權，可以任何時間隨意在英國出入、居住和工作。

英國人，你們有這個膽量嗎？

2019 年 6 月 8 日《am730》〈黎 SIR 事務處〉

BNO的尷尬未來

英國政府公然違背《中英聯合聲明》〈英方備忘錄〉中不給予 BNO 持有人在英國有任何居留權利的承諾，放寬 BNO 持有人可以申請有效五年的英國簽證，再居住一年後可申請成為英國公民。事件引起軒然大波，中國外交部宣稱考慮不再承認 BNO 是有效的旅遊證件。

我曾在入境處旅行證件組工作，有參予籌備簽發 BNO 的過程，在這裏和讀者分享一二。

回歸前，在香港出生的人可以申請英籍護照，當時的國籍身份是「英籍人士—聯合王國及屬土公民」。中英會談展開後，英國處心積慮更改香港人的國籍身份，於 1981 年修訂英國國籍法，香港人淪為「英國屬土公民」，沒有英國居留權。1997 年 7 月 1 日前，原香港的「英國屬土公民」可以取得新的英國國民（海外）護照，就是 BNO 了。

根據國際慣例，外國政府如何看待某國簽發的護照，視乎護照持有人能否返回原居地。若護照不能保證持有人能回去原居地，在國際上的認受性接近零。

當時，英國政府很清楚，1997 年後，在英國法律下，港人的「英國屬土公民」身份不復存在，BNO 只是旅遊證件，因此在 BNO 上列明持有人的香港永久性居民身份證號碼，並指明他擁有香港居留權。這是「轉一個彎」告訴外國政府，證件雖然是英國簽發，但是持有人沒有英國居留權，其可返回的原居地是香港。

若中央政府不再承認 BNO 是有效的旅遊證件，便會衍生 BNO 的國際認受性問題。屆時港人拿着英國簽發、但是中國不承認的 BNO 出外，雖然 BNO 上仍列有持有人的香港永久性居民身份證號碼，但外國政府是否再單憑這句話便信納持有人擁有香港居留權並且能返回原居地？又要不要其他有效文件證明持有人在香港有居留權呢？這些更是接納 BNO 的關鍵問題。到時，有多少國家仍讓 BNO 免簽通行頓成疑問。

2020 年 7 月 30 日《明報》〈三言堂〉

拎 BNO 去英國，真的筍嗎？

英國政府宣佈「放寬」BNO 持有人的居留權，讓一些港人沸騰起來。然而，鮮有人關注背後的申請條件，現實上是否「真係咁筍」。

一、申請人必須要在香港通常居住，若申請人本身已移民或長居其他地方，不合資格。

二、申請人要證明自己有能力維持在英國的生活，有地方住。

三、申請人第一次入境時，必須證明有足夠的金錢作為至少六個月的開支。

四、申請時先繳交簽證費及移民衛生附加費，四百英鎊一年。若申請人申請五年簽證，盛惠二千英鎊，即二萬港元。

五、申請人並無嚴重刑事紀錄或英國政府眼中的不當行為。

假設申請人成功獲發五年簽證，這五年內可以在英國工作、上學，但是生活費要自給自足，而且要能負擔英國高昂的稅款，不可以領取任何政府福利或補貼。屆時若申請人「五行欠水」，已是違反簽證條件。還有，在期間的任何十二個月內，申請人不可離開英國超過一百八十日，否則不符合申請長期居留的資格。

再假設申請人成功住滿五年，可以申請長期居留，申請費用為二千三百八十九英鎊，即二萬四千港元。再住滿十二個月後，終於可以申請入籍，請再付一千二百零六英鎊，即萬二港元。

換句話說，未計六年間的生活開支，單是幾個階段的基本入場費已近六萬港元，而且上述費用是以個人計算，不是以家庭為單位。由此可見，英國政府主要是想吸引家境較富裕、有資歷、有能力貢獻英國的人士，甚麼對港人負上道義責任、優惠 BNO 持有人，只是幌子。

此外，英國政府還需修改移民法來實施上述「優惠」，還請港人睜大眼看清楚，這與部分港人以為能一步成為英國公民，相去甚遠，一點也不「筍」。

2020 年 8 月 3 日《明報》〈三言堂〉

英國撤回法官違反《中英聯合聲明》

英國外相藍韜文在最新一期呈交英國國會的《香港半年報告書》（Six-monthly Report on Hong Kong）中說全國人大常委會頒佈《港區國安法》，違反了 1984 年《中英聯合聲明》中「香港特別行政區享有行政管理權、立法權、獨立的司法權和終審權」的承諾。（原文 Central to this approach is the new National Security Law, imposed on Hong Kong by Beijing on 30 June in clear breach of the Joint Declaration... It violates the high degree of autonomy of executive and legislative powers and independent judicial authority, provided for in paragraph 3 of the Joint Declaration.）英國將考慮停止派遣英國法官出任香港終審法院非常任法官。消息一出，中國外交部當然嚴詞指責，但是在社會上並沒濺起大水花。

當年《中英聯合聲明》簽署後，中英兩國政府就香港的過渡安排成立了中英聯合聯絡小組，其中一個重要議題是香港終審法院的組成。當時中英雙方都明白海外非常任法官對於建立終審法院的聲譽和威信，維持香港的普通法制度極為重要。而雙方的最大爭拗是，終審法院審案時，應有多少位從海外普通法地區邀請過來的終審法院非常任法官參與？當時爭拗非常激烈，中方認為應該只有一位，英方則認為至少要有兩位。最後的決定是，終審法院的每次審訊都由五位法官組成合議庭，當中包括一位海外非常任法官。

根據上述組成，終審法院由五位法官一起審理案件。而根據普通法制度，每一位法官都是獨立作出裁決，毋需達成一致意見。翻查以往終審法院的判例，大部分案件都是五位法官達成一致裁決。但是亦有案件的裁決是「四比一」或「三比二」的，這時終審法院便會採納多數的裁決作準判案。多年來，這做法對於香港司法制度的公平公正和認受性，有重要意義，而海外非常任法官參加審理案件正好發揮重要作用。

藍韜文的提議明顯是打壓中國的政治動作。必須指出，如果英國政府不再容許英國法官接受香港終審法院非常任法官的任命，等如英國違背《中英聯合聲明》的承諾，打擊香港的法治，打擊香港司法制度的聲譽和威信，並且把責任推到中國政府身上，其心可誅。

英國政府道貌岸然，可見一斑。

2020 年 11 月 30 日《am730》〈黎 SIR 事務處〉

英國擘大眼講大話

自從英國政府聲稱因為香港實施《港區國安法》而為英國國民（海外）護照（BNO）持有人度身訂造了「5+1」移民「新路徑」（a bespoke immigration route），兩國之間關於 BNO 的爭拗便沒停過。以往，BNO 持有人入境英國只可以用訪客身份停留六個月，「新路徑」下，BNO 持有人可在英國住滿五年後申請長期居留（indefinite leave to remain），住滿第六年可以登記成為英國公民，獲得居留權。

「新路徑」於 2021 年 1 月 31 日開始接受申請，中國政府多次譴責英國政府的做法違反《中英聯合聲明》〈英方備忘錄〉，英國駐中國大使館則於「新路徑」推出前十天（1 月 20 日）發表聲明，回應中國政府的指控，表面上是澄清、解畫，實際上是玩弄語言偽術，滑頭、偽善。

兩國的爭拗點——〈英方備忘錄〉寫得很清楚，港人「從 1997 年 7 月 1 日起，不再是英國屬土公民，但將有資格保留某種適當地位，使其可繼續使用聯合王國政府簽發的護照，而不賦予在聯合王國的居留權。」條文所指的「某種適當地位」就是「英國國民（海外）」即 BNO，而且英國不會賦予其居留權。因此，今次英方聲明指《中英聯合聲明》沒有提及 BNO（makes no mention），明顯是在玩弄語言偽術。

再者，「新路徑」分明就是讓 BNO 持有人在英國住滿五年後取得定居（settled）身份，繼而登記成為英國公民，取得居留權。雖然不是直接、立即、自動授予居留權，而是加入了「5+1」這年期要求的花招，但是英方聲明竟然輕描淡寫地說「新路徑」只是修改入境規則（amended its own immigration rules）賦予 BNO 持有人由六個月變五年的「短期」居留許可（limited leave to remain），試圖淡化其違反〈英方備忘錄〉的事實；更加妄言 BNO 身份不會授予英國居留權「這點不變」（that remains the case），簡直就是擘大眼講大話！

英國政府違反和中國政府莊嚴而公開的承諾，是鐵一般的事實，再多的解釋，都只是掩飾，欲蓋彌彰。一本 BNO，便讓英國政府的偽善本性表露無遺了。

2021 年 1 月 25 日《am730》〈黎 SIR 事務處〉

英國政府的荒謬邏輯

自從英國政府為香港的英國國民（海外）護照（BNO）持有人度身訂造「5+1」入籍「新路徑」，關於英國政府的做法有否違反《中英聯合聲明》〈英方備忘錄〉的爭拗便沒停過。最近，英國高仕文勳爵（Hon. Lord Goldsmith）在2008 年所做的英國國籍報告 Citizenship: Our Common Bond 及在 2020 年去信時任英國內政大臣彭黛玲所作的澄清，引起了討論，也惹起我的關注，研讀了一番，卻發現其分析實屬詭辯。

2008 年的報告共有七大章節，闡釋人民擁有一個國家的國籍能夠享受的義務及權利，研究英國國籍法的複雜情況以至近年發展，即直至 2002 年，其他英國海外屬土公民已經全部取得英國國籍，只餘香港的英國國民（海外）即 BNO 了。報告第四章 Re-examining the citizenship settlement 研究能否給予 BNO 人士英國國籍，於是出現了“However, I am advised that this would be a breach of the commitments made between China and the UK in the 1984 Joint Declaration”（有人告訴我，這是違反《中英聯合聲明》的）（第七十四頁）這句。彼時，高仕文勳爵並沒表示認同或反對，只是在下一句說“I see no alternative but to preserve this one anomalous category of citizenship”（除了維持這個異常的國籍種類，我看不到其他選擇）。

後來，高仕文勳爵在 2020 年的澄清信中表示，他對 BNO 問題作了更深入的研究。此時，他把〈英方備忘錄〉中「不賦予（BNO）在聯合王國的居留權」這條文的 without conferring，夾硬解讀成「不自動賦予」（will not automatically confer）。此外，他又強辯指不能把〈英方備忘錄〉視為對英方的永久限制，因為英方已在 1997 年履行不賦予 BNO 居英權的承諾，因此之後英方怎樣做也不構成違反承諾，這是英國單方面的事（that is a matter solely for the UK），英方移民政策的改變因此不在此限云云。

看！連白紙黑字寫得清清楚楚明明白白的《中英聯合聲明》、〈英方備忘錄〉，也可如此這般來扭曲，與英國駐中國大使館於 2021 年 1 月 20 日發表的聲明，屬同一鼻子出的氣。按英方的荒謬邏輯，英國政府「5+1」政策加入了年期要求這迂迴的「新路徑」，即不是自動賦予 BNO 居留權，就沒有違反〈英方備忘錄〉了，不是徹頭徹尾偷換概念又是甚麼？

英國政府違反〈英方備忘錄〉，掛着「讓你入籍」的羊頭，分化港人，讓港人「帶錢進貢」，真是何其狡猾、狠毒。

2021 年 2 月 6 日《東方日報》〈棟情棟理〉

「已經擁有，天長地久」的香港居留權

有關香港居留權的問題，久不久便會引起關注、疑惑，好像早前便有報導說非中國籍香港永久居民若連續三十六個月不在港，便有可能喪失居留權。有已經移居海外的港人朋友擔心，他們因為疫情的限制而未能於三十六個月內回港，擔心自己會喪失香港永久性居民的身份。

要回答這個問題，我們首先要清楚知道哪些人才是香港永久性居民，擁有香港居留權。

根據《基本法》第二十四（二）條第一和二項的規定，「在香港特別行政區成立以前或以後在香港出生」和「在香港特別行政區成立以前或以後在香港通常居住連續七年以上」的中國公民都是香港永久性居民，在香港有居留權。這裏的重點字是「中國公民」，即中國公民是這兩項規定的先決條件。

那麼，哪些人是中國公民？我們便要理解《中華人民共和國國籍法》。

根據《基本法》第十八條及〈附件三〉的規定，《中華人民共和國國籍法》自 1997 年 7 月 1 日起在香港特別行政區實施。考慮到香港的歷史背景和現實情況，第八屆全國人大常委會第十九次會議（1996 年 5 月 15 日）通過了「關於《中華人民共和國國籍法》在香港特別行政區實施的幾個問題的解釋」。

「解釋」的第一條規定「凡具有中國血統的香港居民，本人出生在中國領土（含香港）者，以及其他符合《中華人民共和國國籍法》規定的具有中國國籍的條件者，都是中國公民。」

「解釋」的第五條則是「香港特別行政區的中國公民的國籍發生變更，可憑有效證件向香港特別行政區受理國籍申請的機關申報。」這裏說的「機關」是香港入境事務處（「解釋」的第六條）。申報方法是要填妥國籍變更申報書（表格 ID869），遞交至入境處國籍分組辦理。

回顧歷史，在八十年代，中英雙方進行香港前途談判時，香港出現信心危機，大量香港居民移居海外。他們移居一段時間後通常會取得外國國籍和護照。回歸時，中央政府理解到，這些移民港人希望回流香港，也要求能夠保留香港居留權，因此作出上述的靈活「解釋」。

換句話說，在香港出生或曾經在香港通常居住連續七年以上，具有中國國籍的人，都是香港永久性居民，擁有香港居留權。即使他們持有外國護照，只要他們未有向入境事務處申報國籍變更，他們便仍然是中國公民，是香港永久性居民，擁有香港居留權。他們所持有的外國護照只會被視為旅遊證件而已。

猶記得回歸前，有中央官員說，具有中國國籍的香港永久性居民擁有香港居留權，是「一經擁有，天長地久」，不會無端喪失，就是這個意思。

因此，對於文章開首的疑惑——非中國籍香港永久居民若連續三十六個月不在港，便有可能喪失居留權——答案也很簡單，視乎那人是不是中國籍。若那人未有向入境事務處申報變更國籍，他仍是中國籍，不會因為連續三十六個月不在港而喪失居留權。相反，若那人已向入境事務處申報國籍變更，即已不是中國籍，會受連續三十六個月不在港規定的影響。

2021年10月14日《悅傳媒》〈棟悉港情〉

喪失了居留權，能進入香港嗎？

根據第八屆全國人大常委會第十九次會議（1996 年 5 月 15 日）通過的「關於《中華人民共和國國籍法》在香港特別行政區實施的幾個問題的解釋」，中國香港同胞，即使他們持有外國護照，只要未有向入境事務處申報國籍變更，仍然是中國公民。

《入境條例》訂明，中國籍的香港永久性居民擁有香港居留權（right of abode），不會因長期不在港而喪失。相反，若已申報國籍變更，便不再是中國籍，而擁有外國國籍的香港永久性居民，便會受「連續三十六個月不在港，會喪失居留權」的影響。

我們可看看《入境條例》〈附表一〉第七條「喪失永久性居民身分」:「香港特別行政區永久性居民只在以下情況下始喪失其永久性居民身分 ——（非中國籍香港永久性居民），而在不再通常居於香港後，有連續三十六個月或以上不在香港」。

而非中國籍香港永久性居民是指根據〈附表一〉第二條（d）段的「在香港特別行政區成立以前或以後持有效旅行證

件進入香港、通常居於香港連續七年或以上並以香港為永久居住地的非中國籍的人」。

即是説，若已申報國籍變更，便不再是中國籍，而是外國國籍的人。擁有外國國籍而又符合第二條（d）段規定的人，必須以香港為永久居住地。因此，如果他連續三十六個月或以上不在香港，會失去香港永久性居民的身份，喪失香港居留權。

不過，要留意的是，喪失了香港居留權，不等於不能夠隨時返回港居住和生活，因為《入境條例》自動給予他們「入境權」（right to land）。

《入境條例》第二 AAA 條「前永久性居民的香港入境權」有規定，「⋯⋯ 香港特別行政區永久性居民，但因本條例的實施而不再是香港特別行政區永久性居民，他在上述身分改變時，即具有以下權利（right）——（i）在香港入境；（ii）不被施加任何逗留香港的條件，而任何對他施加的逗留條件，均屬無效；及（iii）不得針對他作出遣送離境令。」

簡而言之，即使那人已辦理國籍變更，不再是中國籍，已連續三十六個月不在香港，喪失了香港居留權，但是，他仍然有權進入香港居住、工作、經商、讀書，無任何逗留時間和條件限制，亦不會被遣送離境。

2021 年 10 月 21 日《悅傳媒》〈棟悉港情〉

過你一棟

黎棟國 著

責任編輯 熊玉霜

裝幀設計 Sands Design Workshop

統　籌 霍詠詩

出　版 太平書局
香港筲箕灣耀興道 3 號東匯廣場 8 樓
http://www.commercialpress.com.hk

發　行 香港聯合書刊物流有限公司
香港新界荃灣德士古道 220-248 號荃灣工業中心 16 樓

印　刷 美雅印刷製本有限公司
香港九龍觀塘榮業街六號四樓 A 室

版　次 2022 年 7 月第 1 版第 1 次印刷

ISBN 978 962 32 9366 2

Printed in Hong Kong